JN437554

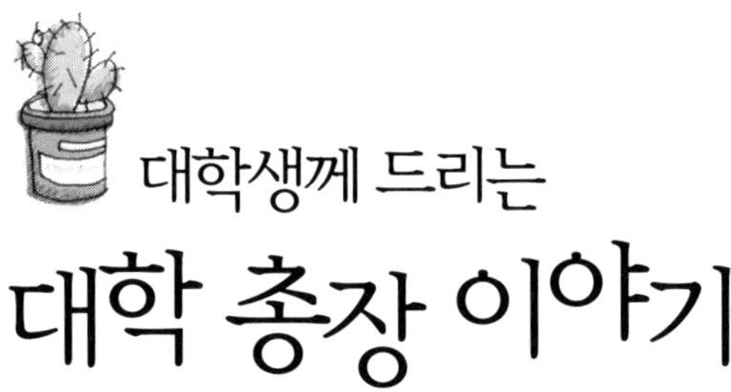

대학생께 드리는

대학 총장 이야기

허 남 오 지음

책 머리에

저는 행정고시를 합격하고 공직자로 30여 년을 지내다 고향에 있는 대학교 총장이 되었습니다.

저는 대학생과 어울리면서 이들이 앞으로 겪어야 할 장래가 염려스러워졌습니다. 또래의 82%가 대학에 들어가는 현실에서 이들은 바로 우리나라의 미래입니다.

시대는 너무도 빠르게 변하는데 취업 걱정이나 하며 시험공부에 매달리는 이들이 안쓰럽기까지 합니다.

저는 총장으로서 이들에게 따뜻한 격려와 아울러 따끔한 질책으로 인생의 길잡이가 되어주고 싶었습니다. 요즘 대학생이나 젊은이들은 인생에서 배우고 익혀야 할 것이 너무 많아 우선순위를 놓치고 있습니다. 또한 모자라는 시간에 여러 종류의 관련 책들을 다 읽을 수도 없을 뿐더러, 누가 일일이 가르쳐 주지도 않는 것이 현실입니다.

저는 이들에게 꼭 필요한 것을 직시하도록 그 요지를 명확히 알려주어 그들 나름대로 인생관을 찾도록 도와주고 싶습니다.

인생은 우선 '꿈과 열정'이 설정되어야 합니다. 그리고 '먼저 자기부터 키워야' 남을 '도와주는 인간관계'가 만들어집니다. 인생은 공간과 시간 속에서 존재합니다. 넓은 '세상을 보면서' 오랜 '세월을 낚는' 마음이 우리의 인생관입니다.

이러한 목적으로 저는 대학생과 대화를 하며 이 책을 집필했습니다. 이 책은 대학생이면 꼭 알아야 할 인생의 지침서로서, 많은 사례를 정리하여 자기 나름의 인생관으로 만들어 가게 할 것입니다.

이 책은 대학생뿐만 아니라 군에 입대한 분이나 고교생처럼 앞으로 20대가 될 분을 위하여도 유익한 지침서가 되리라고 믿습니다.

우리 시대를 이끌어가야 할 대학생 여러분이 나름대로의 꿈과 열정으로 인생을 멋있게 영위하기를 바랍니다.

글 중 보이는 일러스트는 갓 대학을 졸업한 제 딸 자영이 작품이며 사이사이 수록된 명시는 시중에 널리 알려진 것으로 제가 좋아하는 것들입니다.

끝으로 출간을 흔쾌히 수락해주신 지구문화사 주병오 사장님과 편집부 여러분의 건승을 빕니다.

2007년 5월

허 남 오

차례

Contents
Contents

제2부 먼저 자기부터 키운다.

차례

제3부 도와주는 인간관계

Contents

Contents

제4부 세상을 보자

차례

제5부 세월을 낚자

제 1 부

꿈과 열정

01 꿈은 이루어진다

'왜 사냐고 묻거든 웃지요.'

강냉이 철이 아니어도 그리 사는 것이 우리네 인생이 아니던가요?

여러분은 정말 꿈이 있습니까?

제가 여러분만 할 때 과연 꿈이 있었을까 물으면 저도 난감할 적이 많습니다. 한창 젊을 때는 멋모르고 인생을 살며 하루하루가 그냥 흘렀으니까요.

그렇다고 아무런 계획이 없었던 것은 아니지요. 오히려 너무 많아서 걱정이 아닌가요?

꿈이 무엇입니까?

인생, 목표, 행복 아니면 대통령, 가수, 탤런트나 게이머일까요?

그것보다 인생의 꿈은 하나뿐인가요, 자꾸 변하는 건가요, 아니면 열매마냥 계속 커가는 건가요?

아무래도 좋습니다. 저는 여러분이 무엇이든 꼭 꿈을 가지라고 권하고 싶습니다. 꿈을 가져야 그걸 이루고자 하는 열정이 생깁니다. 꿈과 열정. 저는 이 세상 모든 인생론 중에서도 이 두 말이 가장 잘 어울린다고 봅니다. 그중에서도 꿈이 있어야 살아가야 할 이유가 있는 것입니다.

'꿈은 이루어진다.'

5년 전 한일월드컵 때 온 국민을 흥분의 도가니로 몰아넣은 말입니다. 과연 이루어졌습니까? 4강에 올랐으면 이루어진 것입니까? 대부분은 이루어졌다고 하겠지만 저는 반대입니다. 이루어지지 않았습니다. 월드컵 성적은 단 한번이라도 이겨 16강만 해도 되었고 이어 8강만 가도 고소원이었습니다. 아무도 우승을 못했다고 나무라지 않았습니다. 오히려 그 주역 중 한 분이었던 이가 대통령의 꿈을 이뤘다면 정말 꿈은 이뤄졌겠지요.

이처럼 꿈은 꼭 달성해야 된다는 것은 아닙니다. 언제나 앞을 향해 달려나갈 수 있는 해와 달이면 됩니다.

여러분의 어릴 때 꿈은 무엇이었습니까? 지금 그를 위해 학과를 선택하여 열심히 노력하고 있습니까? 장래 그 꿈을 이룰 수 있겠습니까?

제 어릴 때 꿈은 UN 사무총장이었습니다. 이번에 반기문 총장이 되었다고 말하는 것이 아닙니다. 당시 콩고 사태를 수습하러 가던 함마슐드 총장이 비행기 사고로 순직한 것이 계기가 되었을 뿐입니다. 저는 국제법을 전공하는 판사가 되어 크게 도전해보겠다는 꿈을 가졌던 것입니다. 그래서 대학생 때는 사법고시 합격이 제 꿈이었습니다.

저를 한번 보시죠. 우연히 합격한 행정고시가 제 운명을 바꿨고 저는 국가와 민족을 위한다는 미명으로 인생을 살아왔습니다. 이제는 후학을 키운다는 핑계로 대학총장을 맡고 있습니다. 그러면서도 과연 내 꿈은 뭔지 저도 잘 모르고 살아가는 것입니다.

인생은 한 번뿐입니다. 짧다면 짧지만 길다면 엄청 긴 인생입니다. 짧든 길든 한 번뿐인 인생이니 살아있을 때 꿈은 어떤 것이 좋을까요?

이제 다시 한 번 주위를 돌아봅시다. 자기 재능에 맞는 일을 찾아 이 시대에 걸맞은 꿈을 만들어야하겠지요?

꿈은 희망의 징검다리로 건너갑니다.

온 사회를 희망으로 만든 일이 많이 있습니다. 미국의 오프라 윈프리 쇼는 희망을 주는 가장 최근의 프로그램이었습니다. 72년 전에는 베이브 루스가 714개 홈런으로 미국을 들끓게 했습니다. 마틴 루터 킹은 1963년 노예해방 100주년 기념행진에서 '나에겐 꿈이 있습니다.'를 외쳤습니다.

우리나라에서도 10년 전 IMF로 나라가 어려울 때 박세리가 미국에서 희망을 쐈습니다.

여러분의 자그마한 꿈이라도 좋습니다. 꿈은 반드시 이루어집니다.

02 탤런트를 골라라

어릴 때 한번은 재능이 있다는 말을 들어보셨죠? 누구나 어딘가에는 재능(talent)이 있기 마련입니다. 저도 초등학교 시절 머리가 좋다는 소리를 꽤 들었습니다만 지금까지 제 자신이 영리하다는 생각은 한 번도 해본 적이 없습니다.

꼭 IQ가 높아야 머리 좋은 것은 아니죠. 머리는 기억력, 사고력, 판단력, 인지력 등 크게 네 가지로 나뉜다고 합니다. 그 밖에도 실천력, 임기응변능력 등 살아가는 데 필요한 탤런트는 아주 많습니다. 장님이 시력을 잃은 대신 청각이나 후각이 발달한 경우를 주위에서 많이 봅니다. 하느님은 공평한지 어느 한 사람에게 이 모든 능력을 몰아주지 않았습니다. 얼마나 다행입니까?

IQ 외에도 다니엘 골먼은 EQ(감성지능), SQ(사회지능)나 BQ(명석지능)을 추가하고 있습니다. 사회적 지위가 높을수록 이런 기능은 더 필요하지요.

누구에게나 골고루 갖춰진 자기 탤런트를 찾아서 그 능력을 발휘해봅시다.

현대사회는 여러 분야에서 능력을 펼칠 기회가 많습니다. 간혹 집에서 컴퓨터게임이나 한다고 구박을 당하지만 오히려 컴퓨터계에서 두각을 나타낼 지 누가 알겠습니까? 요즘은 손재주만 있어도 뭐든지 할 수 있는 세상입니다. 흥이 넘치는 경우라면 길거리 농구나 비보이 춤으로 세계를 제패해보는 것은 어떨지요?

탤런트는 고정된 게 아니고 계속 발전할 수 있습니다. 그리고 인생의 꿈이 설정되면 그 방향으로 탤런트를 키울 수도 있습니다. 미리 발견 못해도 뒤늦게 탤런트를 발견할 수도 있지요.

연습과 훈련으로 탤런트를 키우는 경우가 많습니다. 얼마 전 돌아가신 프로레슬러 김일 씨의 장기는 무엇이었지요? 박치기입니다.

그도 처음부터 박치기 왕은 아니었습니다. 그가 처음 일본에 밀항해서 어렵게 역도산을 만났을 때였습니다. 역도산은 김일에게 박치기로 일본을 제패하라고 충고했고 그는 혼신의 힘을 다해 이마의 근육을 굳혔던 것입니다.

사실 탤런트는 어느 한 분야에서만 뛰어난 경우도 있지만 복합적으로 포함하는 경우가 일반적입니다. 어디 기억력이나 판단력이 한편에만 치우칠 수 있겠습니까, 다 골고루 갖춰져 있지요.

천재와 천치는 종이 한 장 차이라고 합니다. 천재 아인슈타인은 수학을 잘 할 것 같지요? 아닙니다. 그는 수학을 워낙 싫어해서 간단한 비유를 많이 인용했습니다. 오죽했으면 상대성이론을 $E=mc^2$라는 간단한 공식으로 표현했을까요. 많은 이들이 그 어려운 이론을 설명해주기를 원하자 그는 더 쉽게 비유를 듭니다.

'사랑하는 이와 함께 있는 시간과 곤란한 이와 같이 하는 시간 중 어느 것이 더 짧을까요?'

능력 못지않게 중요한 것이 능력있게 보이는 것입니다. 일종의 연출과 같죠.

복어는 위험을 느낄 때 가시가 돋친 몸을 크게 부풀린답니다. 그런 것도 하나의 탤런트입니다.

탤런트는 누구나 가지고 있는 것이지만 이를 어떻게 이용하는가가 더 중요합니다. 벤저민 플랭크린은 말합니다.

'탤런트를 감추지 말라. 탤런트는 쓰기 위해 존재하는 것이다.'

성경에도 탤런트를 쓰지 않고 묻어두는 일을 나무라는 구절이 있습니다.

인생은 결국 자기가 하고 싶은 일을 하는 것이고 이는 자기 능력을 최대한 발휘해서 꿈을 이루는 것입니다. 여러분의 탤런트는 무엇인가요? 너무 많다고요? 그렇습니다. 많아서 골치지 없어서 못하는 일은 결코 없을 것입니다.

이제 탤런트를 갈고 닦읍시다.

03 매진할 만한 일

'젊어 고생은 사서 한다' 는 속담이 있습니다. 한창 때는 무슨 일이라도 열심히 해볼 만합니다. 더구나 목표를 설정했으면 하나하나 이뤄가야 할 일이 무궁무진합니다. 그 중에서도 혼신의 힘을 다해 매진할 만한 일이 여러분에게 하나라도 있습니까?

없다고요? 아직 시간이 남아 인생을 즐기고 있다고요? 아니 너무 많아 아직 고르지를 못했다고요?

늦습니다. 21세기 한국 사회는 취업난을 비롯하여 너무 빠르게 질주하는 시대입니다. 어영부영 지내기에는 아까운 시간입니다.

저 같은 경우는 좀 달랐습니다. 오직 고시 하나로 승부를 걸고 거기에 올인 했습니다. 당연히 모든 일을 접고 이 일에만 매진했습니다. 이것에도 장단점이 있겠지만 공부 자체는 고시 외에도 인생 공부도 함께 하는 것입니다. 혹 합격을 못한 분들도 그 과정에서의 수양과 포부로 인하여 다른 분야에서 혁혁한 성과를 거두는 것을 많이 봤습니다.

돌아보면 그 무렵만큼 치열한 때가 없었다고 혼자 회상하기도 합니다.

여러분도 마찬가지입니다. 하릴없이 지내는 시간이 얼마나 허탈한지, 빌빌 거리며 살만 찌우는 비육지탄이 얼마나 자괴를 가져오는지는 눈에 훤히 보입니다.

앞으로 한국사회는 20대 한 사람이 60대 네 사람을 먹여살려야 한다고 합니다. 여러분이 지금 이뤄놓지 못하면 나이 들어서는 더 힘든 삶이 기다릴 뿐입니다.

아직 사회에 백수로 등록되지 않았으니 여유가 있다고 할지 모르지만 그것도 잠시뿐입니다. 일생에서 가장 화려하고 값진 시절이었다고 자부하려

면 당장 매진할 만한 일을 찾으십시오.

개미와 베짱이를 비교하지 않아도 됩니다. 당장 지내기는 곶감이 답니다. 그러나 인생을 준비한다는 것은 다음 세대를 위한 최소한의 본능입니다.

지금 여러분이 자격증 하나라도 따놓으려고 애쓰시는 모습은 대단해 보입니다. 세월이 흘러 아무 능력도 없어 애태우는 일을 상상해보십시오. 군대에서 배우는 것 중 하나가 있지요?

'훈련에서의 땀 한 방울이 전쟁에서의 피 한 방울이다.'

세상에는 목숨을 걸고 살아가는 이들이 있습니다. 스포츠 선수들을 보십시오. 일 초 또는 일 푼의 차로 우승을 놓치기도 합니다. 이런 류의 게임은 인생사에 아주 많습니다.

여러분도 소수점 이하 몇 점 차로 학점 등급을 놓친 적이 있지요? 앞으로도 많을 겁니다.

아주 오래전 일입니다. 일본에 있는 우리 바둑 천재 조치훈이 혼인방 타이틀을 땄을 때 일입니다. 그는 '목숨을 걸고' 싸웠다고 했습니다. 목숨을 걸 정도면 그까짓 몇 번 실패야 아무 것도 아닙니다.

극진 가라테의 최배달도 아들에게 이렇게 말합니다.

'세상을 살 때 가장 중요한 것은 목숨을 거는 거다.'

강철 나비 발레리나 강수진의 발은 이렇습니다.

'뼈가 튀어나오고 발톱은 뭉개져있고 발가락 곳곳에 옹이처럼 굳은살이 박혀있는 발.'

여러분은 지금까지 목숨을 걸만한 일이 없었나요?

우리는 매일 조금씩 미쳐가고 있다고 합니다. 이러한 광기를 적극적으로 활용하여 삶의 동력으로 삼아야합니다.

'미치는 것은 미치는 것이다.'

미쳐야 목표에 미칠 수 있습니다. 매진하십시오. 반드시 이룹니다.

04 자기만의 틀

꿈을 실현하는 데는 누구나 일정한 틀을 가집니다. 요즘은 누구나 대학을 가고 졸업 후는 취직을 하거나 사업을 구상합니다. 자유업도 많은 비중을 차지하죠? 이 과정에서도 일정한 틀은 유지됩니다. 사실 사람마다 틀은 엄청나게 다릅니다.

일반적인 틀을 지키는 이도 있으나 약간은 변형해서 자기만의 틀을 만드는 이도 많다는 것입니다. 여러분에게 '코페르니쿠스적 전환'을 요구하는 것은 아닙니다.

패러다임은 원래 연속이 아니고 단절이며 연장이 아니라 비약이고 진화가 아니라 혁명인 것입니다.

쿤이 요구한 이러한 패러다임은 이제 사라졌습니다. 다만 일상적인 용어로 새로운 틀을 말하는 것입니다.

여러분은 시험을 많이 봤지요? 혹 시험관 입장에서 한 번 생각해보셨는지요? 내가 시험관이라면 무엇을 내겠는가 말입니다.

간혹 물살을 거슬러 헤엄쳐볼 필요가 있습니다. 사회적 통념을 무시하고 모든 사람들이 똑같은 방법으로 일하고 있다면 정반대 방향으로 가서 틈새를 찾아내는 것입니다.

저는 영어사전을 거꾸로 훑은 적이 있습니다. 한 번은 단어분류표를 만들어 통째로 나눠본 적도 있었습니다. 좀 무식한 방법이었지만 그 후 저는 영어시험에 문제집이 없어도 되었고 어떤 단어라도 대략 그 뜻을 유추할 수가 있었습니다.

모든 생명체는 항상성을 가집니다. 다니엘 디포의 '로빈슨 크루소'도 항상성을 유지하는 인간의 습성을 보여줍니다. 여러분이 어떤 틀을 가지더라

도 전체로는 균형을 이룹니다.

여러분이 훌륭한 인재가 되고 싶다면 어느 헤드헌터가 본 인재의 열 가지 틀을 한번 읽어봅시다.

1. 인재는 지속적으로 성장하는 사람이다.
2. 인재는 곁에 두는 것만으로도 안심이 되는 사람이다.
3. 인재는 자신의 운을 믿는다.
4. 인재는 승리를 좋아한다.
5. 인재는 일이 하고 싶어서 몸이 근질거리는 사람이다.
6. 인재는 핵심을 짚어낸다.
7. 인재는 다른 사람들을 자신의 비전에 끌어들인다.
8. 인재는 다른 인재를 끌어온다.
9. 인재는 새로운 길을 창조해낸다.
10. 인재는 전략적으로 사고하며 남의 말을 경청한다.

자기의 틀은 자기 용량이기도 합니다. 흔히 그릇이 크다느니 작다느니 하죠? 여러분은 잘 모를지라도 어른들은 느낌이 있습니다. 이것은 담력 같은 배포를 말할 때도 있겠지만 생각의 그릇을 말하는 것입니다.

시저의 군대는 대담하게도 아무도 생각지 못하는 루비콘 강을 건너 로마를 정복합니다. 그만의 그릇입니다.

링컨도 '행복은 생각한 것만큼만 가진다.' 고 했습니다. 여러분은 큰 틀을 가지고 그 안에 넣을 수 있는 큰 생각을 만드십시오.

05 원하는 인생의 모델

'가장 존경하는 인물은?'

아마 평생을 살면서 우리는 이런 질문을 수없이 받으며 살 것입니다. 애국자를 꿈꾸는 정치가는 김구 선생을 말할 것이고 어릴 적 가난했던 분들은 링컨이 적격이고 나름대로 현대적인 분은 케네디를 들먹이기 십상입니다.

최근 (주)두산 CEO들이 존경하는 모델로, 탁월한 리더십이 돋보이는 잭 웰치 전 GE회장, 도전 정신이 넘쳤던 정주영 전 현대그룹 명예회장, 솔선수범 정신이 뛰어났던 이순신 장군을 지목한 적이 있습니다. 시대적으로도 공평하죠?

과연 이들이 여러분의 모델일까요? 맞을 수도 있고 아닐 수도 있습니다.

어렸을 때 읽고 감명 받았던 위인전기에 의존할 분도 계시죠? 이제 구체적으로 여러분이 원하는 인물을 물색하십시오. 평생에 한 분쯤 모델로 선정하는 것도 살아가는 데 좋은 방법입니다. 사회적 지위가 좌우하는 것은 물론 아닙니다. 가까운 아버지라도 좋고 먼 과거의 람세스라도 가능합니다.

인생은 한 번밖에 없습니다. 큰 사람이 되세요. 크게 생각하고, 크게 행동하고, 크게 꿈꾸세요.

5달러짜리 철을 생각하십시오. 편자로 바꾸면 그 철은 10달러가 됩니다. 못으로 바꾸면 3,250달러가 되며, 시계의 부속품이 되면 자그마치 25만 달러로 뛴다고 합니다.

이는 바로 여러분에게도 적용되는 것입니다.

인생을 양적으로만 볼 것은 물론 아닙니다. 질적 가치가 더 뛰어나겠지요?

조상님들 제사를 지낼 때마다 느끼는 것이 있는데 제사상 위 신위에 벼

슬을 쓰는 것입니다. 돌아간 분에게 벼슬이 얼마나 중요할까마는 예전에 양반을 찾던 시절에는 그 외에는 다른 길이 없었겠지요.

허나 요즘은 사장도 많고 교수도 있고 배우도 있으니 어느 것이 더 나은 벼슬인지 모르잖아요? 여러분이 원하는 꿈에 걸맞은 모델을 선정하여 닮아 가는 것입니다.

인생은 시작보다는 끝이 더 중요한지도 모릅니다.

영화배우 캐더린 햅번이 테니스 스타인 철의 여왕 나브라틸로바에게 한 말이 있습니다.

'중요한 것은 인생에서 무엇을 했느냐가 아니라 무엇으로 끝내느냐다.'

이에 나브라틸로바는 은퇴 6년 만에 재도전해 47세 나이로 윔블던 최다 우승, 최고령 우승을 일굽니다.

영원한 코미디언 이주일도 말했습니다.

'당신이 태어났을 때 당신은 울음을 터뜨렸지만 사람들은 기뻐했습니다.

당신이 죽을 때 사람들은 울음을 터뜨리겠지만 당신 자신은 웃을 수 있어야 합니다. '

여러분이 선택한 모델은 끝이 더 빛나야합니다. 그것이 여러분의 권리입니다.

간혹 잘 나가다가도 말년에 피 보는 이가 많습니다. 비록 대통령이나 재벌 회장이라도 무슨 모델이 되겠습니까? 여러분은 그런 전철을 밟지 마십시오.

명예는 영원히 남는 것입니다.

06 최고의 사람을 만나자

각계각층에 최고의 사람은 많습니다. 여러분은 이들을 다 따라잡을 필요는 없습니다. 그러나 한 가지는 분명합니다. 최고는 뭔가 다르다는 것입니다. 그리고 이들은 최소한 자기 일에 최선을 다하는 인물이라는 것이고 2등보다는 한 단계 이상의 상위라는 사실입니다.

여러분은 달리기를 하며 따라오는 2등을 힐끔힐끔 뒤돌아본 적이 있죠? 선두주자는 그만큼 힘들면서도 우러를 만한 것입니다.

제너럴리스트와 스페셜리스트도 다시 생각해봐야 합니다. 현대는 분명 전문성을 원합니다. 기술 등 특정 부문의 전문지식은 몰라도 된다는 제너럴리스트 사고로서는 정상에 설 수 없습니다. 그렇다고 해서 전문성만 갖추어서도 최고의 자리까지 가지 못합니다.

전문성을 갖춤과 동시에 경영, 기획이나 정치, 사회를 이해하는 한 차원 높은 수준의 제너럴리스트가 되어야 리더가 될 수 있습니다.

하급 지휘관은 자신이 지휘하는 부대만 바라보면 되지만, 제너럴, 즉 장군은 군 전체를, 전쟁 전체를 바라보아야 하기 때문입니다.

그래서 어느 분야든 최고의 사람은 비슷한 부분이 있는 법입니다.

이걸 배우자는 것입니다.

최고의 사람을 만난다고해서 시간과 비용을 들여 힘들게 만나야 할까요? 사무실이나 집 근처에서 힐끗 쳐다보는 것은 의의가 없습니다. 여러분이 특정분야의 어른을 모시고 싶으면 과감하게 청하십시오. 전화도 하고 메일도 있고 이벤트도 만들 수 있습니다. 청하면 열린다고 했습니다.

이들이 바쁘면 대리인이나 다른 특출한 분을 소개해 줄 수도 있을 것입니다. 꾸준히 노력하는 것에 반하는 최고의 사람도 있답니다.

실제 인물이 아니라 책에서도 이런 최고를 만날 수 있습니다. 고전에서 읽으면 더 좋고요.

최고는 공간과 시간을 가리지 않으니까요.

저는 불행하게도 이런 경험을 거의 해보지 못했습니다. 그냥 하루하루 지내는 것에만 매달렸지 최고의 사람을 상상하거나 만날 엄두를 못 냈습니다. 간혹 경허와 같은 고승이나 위대한 화가를 일부러 찾아다니는 이를 봐도 실감이 안 났습니다. 그만큼 저의 정서가 메말랐던 거지요?

한번 만난 최고의 사람은 여러분에게 영원한 모델이 됩니다. 가까운 예로, 반기문 총장이 고교 때 케네디 대통령을 만났다는 사실이 오늘의 그를 만들었는지도 모릅니다.

여러분은 꼭 그러한 예를 경험해야 합니다. 자 보십시오.

이제 여러분은 최고의 사람을 만날 수 있는 담대함을 가지고 있는지요?

그분 앞에서도 떨리지 않을 자신이 있나요?

생각지도 않은 질문에 임기응변할 준비는 했나요?

정말 그만한 배짱과 인생의 철학을 가지고 있나요?

그러면 됐습니다. 용기를 내어 그를 만나보십시오.

07 멘토 찾기

여러분도 평소 따르고 싶은 학교 선배가 있지요? 아니면 학교선생님 중에서 배우고 싶은 어른이 있지요?

사회가 다원화되고 개인이 홀로 떨어져 살면서 멘토링(mentoring)이 유행합니다. 멘토링은 자기가 지향하고자 하는 분야의 선배나 어른을 찾아 선생님으로 모시는 것을 말합니다. 보통 군대에 가면 선임을 만나게 되는데 그 선임이 멘토가 되고 신참이 멘티가 됩니다. 사관학교에 입학하면 신입생에게 3학년 생도 중 한 명을 멘토로 임명하고 평생을 배우게 한답니다.

멘티는 멘토를 수시로 만나 하는 일에 대해서 묻고 배우게 되고 평생 자기의 모델로 삼게 됩니다. 멘토는 꼭 선배나 선생님이 아니라도 좋고 높은 지위나 벼슬이 아니어도 좋습니다. 텔레비전에서 보는 배우라도 좋고 혹 대통령 영부인이라도 만들 수 있습니다. 계약이 필요한 것도 아니고 혼자 짝사랑해도 좋습니다. 그러나 멘토를 원한다 해도 아무나 멘토로 만들 수는 없겠죠?

저는 공직생활을 평생 했으면서도 존경할 만한 직장 상사를 많이 만나지 못했습니다. 제가 똑똑해서가 아니라 오히려 제가 먼저 굽히고 배우려는 자세가 없는 등 생각이 짧았기 때문이었지요.

다만 반면교사를 통해 저는 많은 것을 다른 사람에게서 배웠습니다. 있잖아요, 돈에 욕심내지 말라, 당장 이익을 탐하지 말라는 등 말입니다.

'모리와 함께한 화요일' 이라는 한때 유명했던 책을 기억하지요?

모리는 루게릭 병으로 시한부 삶을 살면서도 긍정적인 인생관으로 주위 사람들에게 교훈과 희망을 안겨주는 분입니다. 그가 제자 미치의 방문을 받습니다.

'서로 사랑하지 않으면 멸망한다.'

모리의 100년 전 패러다임으로, 인생의 여러 사건을 주제로 가장 중요한 가치관들을 잃지 말자고 일깨워주는 것입니다. 죽음을 앞둔 쇠약한 노인에게서 유능하고 잘나가는 한 젊은이가 인생의 의미를 다시 깨닫고 배우게 됩니다.

저는 다행히 초등학교 시절의 은사님 한 분에게서 끊임없는 은혜를 입고 있습니다. 제 인생의 위대한 멘토 중 한 분이죠. 초등학교 5, 6학년 담임을 맡은 분이신데 당시 신문이 귀할 때 아침마다 읽어주시던 연재소설 수호지는 아직도 생생합니다. 지금 은퇴하고 난 후에도 양궁협회장이라든지 인라인스케이트회장을 맡으시는 선생님의 열정에 저는 힘찬 찬사를 보내고 있습니다.

또 한 분이 계셨죠. 대학교 시절의 은사님입니다. 제가 늦게 고시에 합격하고 다시 복학했을 때였습니다. 그 분은 저에게 대학원 진학을 권하셨고 무엇보다 박사는 꼭 법학을 해야 한다면서 '환경법의 법이론'을 주제로 주셨습니다. 아마 당신이 꼭 하고 싶어했던 화두가 아니었던가 생각했습니다. 세계에서 유례가 없는 주제로 공부하느라 꽤나 힘들었지만 그것이 오늘날 제가 있게 된 이유 중 하나입니다.

선생님이 돌아가신 지가 벌써 10여 년이 되었군요. 어려울 때 의논하고픈 상대가 없다는 것이 얼마나 큰 슬픔인 줄 여러분은 아직 잘 모를 겁니다.

여러분도 주변의 은사님같은 멘토를 자주 찾아보십시오. 꼭 필요한 영양을 공급해주실 분이 계실 겁니다.

08 열정의 향기를 뿌리자

저는 꿈에 이어 열정을 강조합니다. 인생을 살아오면서 우리는 하고 많은 목표를 들어왔습니다. 그 중에 지행합일이라는 말도 있습니다. 아는 것과 행하는 것은 다르지요. 아무리 많이 알아도 행하지 않으면 안 됩니다. 사람은 일반 사물과 또 다른 면이 있습니다. 단순히 하나 더하기 하나가 둘이 아니라 바로 인생 자체가 될 수도 있는 것입니다.

열정이란 바로 그러한 것입니다. 냉정하기도 하고 격렬하기도 한 것이 열정입니다. 여러분은 목표를 두고 치열하게 몰입한 적이 있습니까?

제가 좋아하는 책 중에 코비의 '성공하는 사람들의 7가지 습관' 이 있습니다.

1. 주도적이 되어라.
1. 목표를 정하고 시작한다.
1. 소중한 것을 먼저 한다.
1. 원윈을 생각한다.
1. 먼저 경청하고 이해시킨다.
1. 시너지를 낸다.
1. 끊임없이 쇄신한다.

앞의 세 가지는 자신을 키우는 것이고 다음 세 가지는 인간관계에서 배우는 것이며 마지막 것은 계속 쇄신해나가야 한다는 것입니다. 여기에 인간이 살아가야 할 꿈과 열정이 고스란히 배어있습니다.

그 책의 속편으로 '8번째 습관' 이 나왔습니다.

'열정을 키워 남들에게도 전해주는 향기를 뿌리자.' 는 것입니다.

저는 이 말에 감명 받았습니다.

'아름다운 철도원' 김행균 씨는 선로에 떨어진 어린이를 구하고 자신은 다리를 잘리고 맙니다. 저는 지하철을 탈 때마다 나도 과연 그렇게 뛰어들 수 있을까라고 생각해봅니다. 저는 고개를 흔듭니다. 여러분도 그렇죠?

연말이나 연초에 어려운 곳을 찾아 봉사하는 분들도 많습니다. 대기업이나 부자보다도 적으나마 정성을 담아 보내드리는 옮은 향기에 우리는 가슴이 찡합니다. 돈이 없다고요? 진정한 향기는 따스한 미소 한 번, 포근한 말 한 마디에서 나옵니다.

저는 이열치열(以熱治熱)이란 말을 좋아합니다. 춥다고 게을러지고 덥다고 주저앉고 마는 것이 아니라 오히려 더 치열하게 부딪치는 것입니다. 여러분도 더운 국물을 마실 때 입으로 김을 씌워 마시잖아요? 그런 게 바로 열정입니다.

여러분이 뿌리는 열정의 향기를 남이 알아줄 수만 있다면 얼마나 대단한 일이겠습니까?

이런 열정으로 새벽 찬 공기를 마시며 달리기를 해보십시오. 여러분의 향기가 그대로 세상에 번질 것입니다.

여러분은 주위 모든 이에게 열정의 향기를 뿌리고 싶습니까? 향수병을 흔든다고 될 일이 아니죠.

남들은 어련히 다 알아챕니다. 한 사람의 정성과 씀씀이를 다 알고 있습니다. 낮말은 새가 듣고 밤말은 쥐가 듣는다는 말처럼 사람의 향기는 절로 피어나는 것입니다. 법구경에도 향수를 맨 새끼줄과 오물을 싼 새끼줄이 각각 다른 향기를 내는 예를 들고 있습니다.

여러분의 살아있는 향기를 흩뿌려주십시오.

09 청하라, 열릴 것이다

여러분은 영어를 배울 때 들은 '두드려라, 그러면 열릴 것이다(Ask, the door will open)' 라는 문구를 기억할 것입니다. 성경에 나오는 익숙한 말이지요.

우리의 열정 중 이것만큼 절실한 것은 없을 것입니다. 하나의 계획을 세울 때 예전에는 미리 설계를 하고 자금과 인력을 구비하고서 시작하는 게 일반적이었습니다. 그러나 현대는 스피디한 시대입니다. 그러다가는 기회를 놓치고 맙니다. 바로 시작부터 하고 봅시다.

미국 출판업자 겸 작가인 앨버트 허버드는 말합니다.

'행동하라(Just go and do it). 이 세상은 단 한 가지 요소에 돈과 명예라는 보상을 제공한다. 그것은 바로 솔선수범하는 자세이다. 솔선수범하는 자세란 무엇인가? 이는 누가 시키지 않아도 옳은 일을 하는 것이다.'

그런데 하다보면 모자라는 것이 있습니다. 모자라는 만큼 기회도 많습니다. 모자라면 청하십시오.

저는 진주라는 중소도시에서 자라 대학을 부산에서 다녔습니다. 어떤 이는 바로 서울이나 외국으로 갔고 거꾸로 서부경남의 수재들은 진주로 나오곤 했습니다.

지금은 예전보다 나을 것입니다. 바로 큰 도시로 나갈 수 있습니다. 각종 장학금도 받을 수 있고 아르바이트도 가능하니까요. 안 되면 고향인사를 찾아 바로 청을 하는 것입니다. 가장 쉬운 것은 아무래도 부모형제에게 기대는 것이지요. 본인이 하고자 하는 뜻이 갸륵하면 얼마든지 얻을 수 있는 일이 많습니다. 그러나 만만한 것은 아닙니다. 남을 설득시킬 정도의 수준은 되어야겠지요.

먼저 자신이 매진할 만한 일을 선택해야 합니다. 그래야 남들이 열정의 향기를 느낄 수 있습니다. 인간은 두려움, 기쁨, 분노를 느끼게 되면 몸 안에서 호르몬을 분비한다고 합니다. 이와 달리 개미는 몸 밖으로까지 호르몬을 내는데 그것이 페로몬입니다. 이런 것이 바로 열정입니다.

우리나라에서 부자가 된 사람들의 공통점을 취재한 분이 있었습니다. 무엇일까요?

'집요함'

목표한 일에 대해 끝까지 추구하는 그들의 청함입니다.

요즘 기업체에서는 사원 채용시 면접 폭을 상당히 넓혔습니다. 공직도 마찬가지입니다. 그러다 보니 대입 논술만큼이나 면접이 힘들어졌습니다.

그러니 떨어진 수험생들의 불만이 이만저만이 아닙니다. 객관적 기준도 없이, 왜 떨어졌는지를 알 수도 없으니 말입니다. 정말 억울하지요.

여러분도 그런 경험이 있나요?

저도 우리 학생을 위해 기업체에 부탁한 적이 있었습니다. 그런데 대기업일수록 청탁은 통하지 않더군요.

'미리 말씀해 주신다면 면접 방향은 알려드릴 수 있습니다.'

그렇습니다. 청하십시오. 적어도 가장 유리한 위치를 선점할 수 있습니다. 그러한 것도 인생의 능력이 될 수 있습니다.

제가 좋아하는 말 중에 '궁하면 통한다(窮則通)' 가 있습니다. 아무리 어렵다 하더라도 길을 찾다보면 해결책이 보입니다. '열 번 찍어 안 넘어가는 나무 없다' 는 말도 있지요? 남에게 용서를 빌 때 한 번 두 번 열 번을 찾아가면 넘어가는 법입니다.

미국의 천년 된 삼나무 '루나'를 아십니까? 10년 전 줄리아는 벌목 위기에 있는 이 나무를 구하기 위해 나무 위에 올라가서 2년을 버틴 일이 있었습니다. 정성이 통했는지 지금 루나는 잘리지 않고 잘 자리고 있습니다.

박지원의 '허생전'에서 보듯이 여러분은 배짱 좋게 빌려 많은 이자를 얹어 더 갚아주면 됩니다.

'칭니(請你)?' 중국어 중에 제가 가장 좋아하는 말입니다. 영어로는 'Would you?' 죠.

청하십시오. 나중에 돌려주면 됩니다. 직접 주지 않더라도 후진들에게 말입니다.

꽃

김 춘 수

내가 그의 이름을 불러 주기 전에는
그는 다만
하나의 몸짓에 지나지 않았다.

내가 그의 이름을 불러 주었을 때
그는 나에게로 와서
꽃이 되었다.

내가 그의 이름을 불러 준 것처럼
나의 이 빛깔과 향기에 알맞은
누가 나의 이름을 불러 다오.
그에게로 가서 나도
그의 꽃이 되고 싶다.

우리들은 모두
무엇이 되고 싶다.
나는 너에게 너는 나에게
잊혀지지 않는 하나의 의미가 되고 싶다.

10 몰입, 영감은 준비된 행운

위대한 발명은 우연에서 나온다고 흔히 말합니다만 저는 달리 봅니다. 한 가지 일에 몰입했을 때 영감이 나오고 그것이 바로 행운을 가져다주는 것입니다.

'99%의 노력과 1%의 영감'

에디슨이 한 말입니다. 그러나 99%의 노력보다 1%의 영감이 더 감동적이지 않습니까? 같은 공부를 하더라도 몰입했을 때 이해가 잘 가고 기억이 오래 남습니다. 이런 경험을 많이 해보셨지요?

그래서 열정의 마지막은 바로 이 몰입입니다.

그런데 노력과 영감은 사실 같은 말입니다. 열심히 노력할 때에 영감이 생깁니다.

일본의 어느 기업가는 사람들이 몰입해서 일할 수 있도록 만드는 것이야말로 기업가가 할 일이라고 했습니다.

'성과가 나쁜 기업에서는 사람들이 잠자고 있다. 그들이 나쁘다기보다는 그들이 시간을 잊을 정도로 집중할 수 있는 감동적인 일에 몰입하지 않기 때문이다.'

바이러스 백신을 무료 공급하는 안철수 박사도 말합니다.

'어떤 문제에 부닥치면 나는 남보다 시간을 두세 곱절 더 투자할 각오를 한다. 그것이야말로 평범한 두뇌를 가진 내가 할 수 있는 최선의 방법이다.'

증자는 '대학' 에서 기천(己千)정신을 강조합니다.

'남이 한 번 해서 잘하게 되면 나는 백 번을 하고,
남이 열 번 해서 잘 하게 되면 나는 천 번을 한다.'

여러분은 선다형 시험문제를 풀 때 가능한 답 두어 개를 놓고 고민한 적이 많지요? 선택에 앞서 지극히 몰입해서 정답을 골라본 적 있나요? 여러분이 대학입시 수능을 볼 때 대부분의 어머니들은 절이나 교회, 성당에서 기도를 했을 것입니다. 얼마나 치열하게 마음을 졸였겠습니까.

신은 과연 있을까요? 지금은 철학 시간이 아닙니다. 몰입이 신적인 경지에 여러분을 올려줍니다. 과학적으로도 만물이 파동이라 파동이 미칠 때 보이지 않는 큰 힘이 솟는 것을 보여주고 있습니다. 미래의 전쟁 무기 중에도 파동으로 귀가 멀게 하는 것이 있다죠?

다른 인생살이에서도 마찬가지입니다. 전혀 해결이 안 될 어려운 일도 지극한 정성에 길이 생기는 일이 많습니다.

지극정성이라고 하지요? 지성이면 감천이라는 것은 '맹자' 의 기본 요체입니다. 겨울에 잉어를 구하는 효성이 가장 큰 예였습니다.

우리나라 사람은 감성이 뛰어나다고 합니다. 감성이 높다는 것은 정성이 크다는 것이고 이는 종교도 여러 가지가 혼재할 수 있는 바탕이기도 합니다. 이러한 것이 여러분의 몰입에 도움이 될 것입니다.

선택과 집중이란 말이 요즘 유행입니다. 중요하지 않아 버릴 것은 과감히 버리고, 최선의 선택을 통해 자신의 꿈에 몰입해야 합니다.

몰입 중에 가장 유명한 이야기가 장자에 나오는 백정 '포정' 입니다. 그가 소를 잡아도 소는 뼈와 살이 갈라질 때까지 죽는 줄도 모르고 웃고 있다는 것입니다.

여러분은 젊습니다. 젊으니까 하고 싶은 일이 아주 많습니다. 주위에서 요구하는 것도 많고요. 한창 정신이 성숙할 때는 말릴 수가 없습니다.

그러나 지금 하지 않으면 안 될 일을 선택하십시오. 하나? 아니면 다섯? 몰입한다고 해서 하나만 하라는 것은 아닙니다. 여러분이 영감을 얻어 올인할 일이 아니라면 병행해도 좋습니다.

몰입만 하십시오. 효과는 열 배 천 배 달라집니다.

개 화

이 호 우

꽃이 피네.
한 잎
한 잎
한 하늘이
열리고 있네.

마침내 남은 한 잎이
마지막
떨고 있는 고비

바람도
햇볕도
숨을 죽이네.
나도 그만
눈을 감네.

낙 화

조 지 훈

꽃이 지기로서니
바람을 탓하랴.

주렴 밖에 성긴 별이
하나 둘 스러지고

귀촉도 울음 뒤에
머언 산이 다가서다.

촛불을 꺼야 하리
꽃이 지는데

꽃 지는 그림자
뜰에 어리어

하이얀 미닫이가
우련 붉어라.

묻혀서 사는 이의
고운 마음을

아는 이 있을까
저어하노니

꽃 지는 아침은
울고 싶어라.

낙 화

이 병 기

가야 할 때가 언제인가를
분명히 알고 가는 이의
뒷모습은 얼마나 아름다운가

봄 한 철
격정을 인내한
나의 사랑은 지고 있다.

분분한 낙화……
결별이 이룩하는 축복에 싸여
지금은 가야 할 때

무성한 녹음과 그리고
머지 않아 열매 맺는
가을을 향하여
나의 청춘은 꽃답게 죽는다.

헤어지자
섬세한 손길을 흔들며
하롱하롱 꽃잎이 지는 어느날

나의 사랑, 나의 결별
샘터에 물 고이듯 성숙하는
내 영혼의 슬픈 눈

간밤에 부든 바람

정 민 교

간밤에 부든 바람 만정도화 다 지거다

아해는 비를 들고 쓸으려 하는구나

낙환들 꽃이 아니랴 쓸어 무삼 하리오

모란이 피기까지는

김 영 랑

모란이 피기까지는,
나는 아직 나의 봄을 기다리고 있을 테요.
모란이 뚝뚝 떨어져 버린 날
나는 비로소 봄을 여읜 설움에 잠길 테요.
오월 어느 날, 그 하루 무덥던 날,
떨어져 누운 꽃잎마저 시들어 버리고는
천지에 모란은 자취도 없어지고,
뻗쳐 오르던 내 보람 서운하게 무너졌느니,
모란이 지고 말면 그뿐, 내 한 해는 다 가고 말아,
삼백예순 날 하냥 섭섭해 우옵내다.
모란이 피기까지는,
나는 아직 기다리고 있을 테요, 찬란한 슬픔의 봄을.

오 월

김 영 랑

들길은 마음에 들자 붉어지고
마을 골목은 들로 내려서자 푸르러진다.
바람은 넘실 천 이랑 만 이랑
이랑이랑 햇빛이 갈라지고
보리도 허리통이 부끄럽게 드러났다.
꾀꼬리는 엽태 혼자 날아 볼 줄 모르나니
암컷이라 쫓길 뿐
수놈이라 쫓을 뿐
황금빛 난 길이 어지럴 뿐
얇은 단장하고 아양 가득 차 있는
산봉우리야 오늘 밤 너 어디로 가 버리련?

남으로 창을 내겠소

김 상 용

남으로 창을 내겠소.
밭이 한참갈이

괭이로 파고
호미론 풀을 매지요.

구름이 꼬인다 갈 리 있소.
새 노래는 공으로 들으랴오.

강냉이가 익걸랑
함께 와 자셔도 좋소.

왜 사냐건
웃지요.

국화야 너는 어이

이 정 보

국화야 너는 어이 삼월동풍 다 지내고

낙목 한천에 네 홀로 피었는다

아마도 오상고절은 너뿐인가 하노라

국화 옆에서

서 정 주

한 송이 국화꽃을 피우기 위해
봄부터 소쩍새는
그렇게 울었나 보다.

한 송이 국화꽃을 피우기 위해
천둥은 먹구름 속에서
또 그렇게 울었나 보다.

그립고 아쉬움에 가슴 조이던
머언 먼 젊음의 뒤안길에서
인제는 돌아와 거울 앞에 선
내 누님같이 생긴 꽃이여.

노오란 네 꽃잎이 피려고
간밤에 무서리가 저리 내리고
내게는 잠도 오지 않았나 보다.

제 2 부

먼저 자기부터 키운다.

01 자기를 사랑하자

우리가 지금까지 들어온 수많은 교훈은 남을 배려하고 베풀어 주라는 것이었습니다. 자기를 과시하거나 자기를 내세우는 일은 금기시했다고나 할까요?

허나 남은 내가 있고난 뒤에야 가능합니다. 자기 코가 석 잔데 남을 돕다니요. 그래서야 어디 올바르게 남을 도울 수 있겠어요?

우선 자기를 사랑해야 합니다. 흔히 말하는 이기주의자가 되라는 것은 아니고요, 자기부터 키워야 남을 도울 힘이 있다는 것입니다. 그리고 이 험한 세상에서 버틸 수도 있고요, 또 한평생 사는 바탕을 마련해주고요.

제일모직 제진훈 사장이 가장 감명 깊게 읽은 책은 스마일즈(Samuel Smiles)의 '자조론'이라고 합니다. 바로 모든 사유의 존재 이유가 아닐까요?

허나 자기를 사랑하기 전에 자기를 알아야 합니다. 알아야 사랑할 마음이 생기죠.

인생에서 가장 어려운 일과 쉬운 일을 물었을 때 탈레스는 이렇게 대답했습니다.

'자신을 아는 일이 가장 어렵고 다른 사람에게 충고하는 일이 가장 쉽다.'

같은 시기에 노자도 말합니다.

'남을 정복할 수 있는 사람은 강한 사람이지만, 자신을 정복할 수 있는 사람은 더욱 강한 사람이다.'

자동차 왕 헨리 포드 또한 말합니다.

'성공의 유일한 비결은 다른 사람의 생각을 이해하고, 자신의 입장과 상

대방의 입장에서 동시에 사물을 바라볼 줄 아는 능력이다.'
성철 스님은 '이 뭐꼬?' 라는 화두를 통하여 일갈합니다.
'남을 속이는 것이 좀도둑이라면 자기를 속이는 것은 큰 도둑이다.'

'뿌리 깊은 나무 바람에 아니 뮐쌔.'
훈민정음에 나오지요? 그렇습니다. 뿌리가 깊어야 합니다. 자기가 세야 합니다. 왜 노름에도 밑천이 두둑해야 돈을 딸 수 있잖아요?
이상하게 요즘 자살사이트가 많다고 합니다. 종교적 의미를 차치하고라도 자살할 정도의 독기를 가졌다면 뭘 해도 할 수 있지 않을까요? 자기를 사랑하지 않는 것이야말로 조물주에 대한 큰 모독입니다.

이제 자기를 키웁시다. 최고(best)인 자기보다 오직 하나뿐(only one)인 자기를 말입니다.
매사에 주도적이 되어 남을 리드할 수 있는 건강한 정신과 신체를 가진 자기를 만듭시다.
프로이드는 자아(ego)와 초자아(super-ego) 외 이드(id)를 내세워 무의식의 세계로까지 자기를 키웁니다. 결국 이드마저 자기가 키운 세계입니다. 자기는 얼마나 귀중한 존재입니까?
이를 사랑하지 않을 수 없습니다. 혼신의 힘으로 자기를 도와주고 자기를 이끌어주고 자기를 지켜주십시오.
행복이란 결국 자기사랑입니다.

02 주도적이 되라

'성공하는 사람들의 7가지 습관' 중 첫 번째가 바로 '주도적이 되어라' 입니다. 적극적으로 남을 리드하고 자기를 끌어가야 꿈을 이룰 수 있습니다.

여러분은 지금까지 부모나 학교 울타리 보호 아래 마냥 지냈는지 모르지만 이제는 안 됩니다. 뭘 하든지 자기 주관과 판단으로 운명을 이끌어 나가야 합니다.

요즘 참여정부에서는 혁신을 강조하면서 참 듣기 거북한 소리를 강요하곤 합니다.

'달걀도 혁신을 하지 않으면 프라이가 되고 주도적이면 병아리가 된다.'

프라이냐 병아리냐? 공무원들이 조소할 수밖에 없지요.

그러나 일견 맞는 구석은 있습니다.

주위는 항상 변합니다. 변화를 따라가기만 하면 언제나 처집니다. 변화와 더불어 놀면서 주도적으로 만들어가야 합니다. 그래야 살 수 있습니다.

모임을 예로 들어볼까요? 소프트 웨어 업체의 폴 레디는 모임에 참여하는 사람들을 볼링공과 볼링핀으로 나눕니다.

'볼링공인 사람은 행사 장소에 걸어 들어가 스트라이크를 날린다. 당당함과 독창성을 지닌 그는 가는 곳마다 호감을 일으키고 친구를 만들며, 자신이 세운 목표를 달성한다. 반면 볼링핀인 사람은 조용히 앉아 누가 어떻게 해주기만 기다린다.'

키이스 페라지는 '혼자 밥 먹지 마라' 에서 모임장소에서의 부정 유형을 제시했습니다.

'벽지형' 은 힘없는 악수를 하고 사람들과 떨어져 구석에 서있기만 한다.

'그림자형' 은 처음 만난 사람만 졸졸 쫓아다니면서 다른 사람들을 만날 기회를 포기한다.

'스타추종형' 은 가장 중요한 한 사람과 악수 한 번 하는 것으로 만족하면서 다른 기회들을 놓쳐버린다.

'한눈팔이형' 은 사람을 만나면서 그에게 주목하지 않아 나쁜 인상만 심어준다.

'명함수집형' 은 나중에 전화번호부에 불과할 명함교환에만 전력을 다한다.

여러분은 어떻습니까?

시쳇말로 1등만 살아남고 그 이하는 다 죽는 세태입니다. 인간사에서 이제 주도적인 사람만 살아남지 그렇지 않은 사람은 기회를 놓치고 맙니다. 아무리 많은 모임에 참가하더라도 회장이나 총무, 하다못해 부장이라도 맡아야 자신을 드러낼 수 있습니다.

톡톡 튀면 되지 않나 하겠지만 그런 시절도 이제 지났습니다. 약간의 도움은 될지언정 이제 시대는 안전한 복고풍으로 되돌아가는 시절입니다.

주도적으로 한다는 것은 책임을 수반합니다. 남보다 많은 노력과 위험이 따릅니다. 그러나 그만큼 보람도 있습니다. 보상을 받게 되고 상을 받을 때도 그런 분들이 먼저 받는 것입니다.

요즘 언론대학원 최고경영자 과정 등 대학원에 단기 과정이 많이 생겼습니다. 또 라이언스, 로터리 등 봉사단체도 많지요. 여기는 사람을 사귀려는

분들이 많이 참여합니다. 저도 두어 군데 다닌 적이 있습니다.

이런 곳일수록 주도적인 분이 훨씬 유용하게 자기 사업에 이를 활용한답니다.

운명도 마찬가지입니다. 주도적일 때 운명도 만들어지는 것입니다. 하다못해 복권을 사더라도 주관을 갖고 확률적으로 높은 번호를 고르는 훈련을 해봅시다. 주사위 두 개를 던져 합계를 맞힌 분이 이기는 게임을 해볼까요? 여러분은 무슨 수를 찍겠습니까? 저는 7을 선택하겠습니다. 왜냐고요? 당연히 확률이 가장 높으니까요.

여러분도 사랑하며 결혼하고 아이 낳고 살겠지요? 여러분 스스로가 어느 정도 만들어간다고 생각하십니까? 아니 진학한 대학 학과 하나도 여러분 자신이 결정하셨나요?

어느 땐가 인생의 큰 결정을 하셔야 될 때가 있을 겁니다.

주도적이 되십시오. 여러분이 바로 여러분의 주인입니다.

사 랑

장 콕토

사랑한다는 것
그것은 바로 사랑받는다는 것이니
한 존재로 불안에 떨게 하는것
아! 언젠가는 상대방에게 가장 소중한
존재가 될 수 없다는
그것이 바로 우리의 고민이다.

03 포지티브 인식

태초에 하늘이 생기고 빛이 나오매 낮과 밤이 나누어졌다고 성경은 전합니다. 인간은 언제나 긍정과 부정을 놓고 다툼을 벌이고 이익을 챙깁니다.

무엇보다 부정적 인식은 상대방에 대해 부메랑효과를 가져옵니다. 그래서 부정은 부정을 낳고 또 다른 부정을 잉태하는 전철을 밟게 됩니다.

인간성에 있어 이러한 부정적 인식은 두고두고 나쁜 인상을 남기는 법입니다. 결국 주위 사람들이 떠나가고 혼자 외톨이 신세가 되기 십상입니다.

이러한 인격은 가정교육이나 생활환경에서 영향을 받기도 하나 제도적 환경에 기인하기도 합니다.

알다시피 우리 법제는 대륙법을 모태로 하고 이는 일본을 거쳐 들어온 것입니다. 일제강점기에 강요된 대륙법은 영미법에 비해 부정적 인식을 전제로 합니다.

교통법규를 봅시다. 우리는 비보호좌회전을 인정하지 않습니다.

'이럴 수가 있습니까?'

제가 경찰청 교통과장으로 있을 때 일입니다. 서울대 교통학 교수로 있는 저명한 분의 항의 전화가 있었습니다. 그는 미국에서 오래 사신 분이었습니다.

'내 책임으로 좌회전하는데 교통의경이 날 잡았습니다. 그런데 내가 아무리 설명해도 못 알아듣습니다.'

저는 의경과 통화하고 나서 그 교수님에게 다시 말했습니다.

'선생님이 옳습니다만 우리 법제는 그런 제도가 없으니 이해하시고 이번에는 그냥 가십시오.'

다른 법제도 마찬가지입니다. 요즘 사법개혁을 한다고 하지만 근본 인식

을 포지티브로 바꾸지 않고서는 백년이 하청입니다.

영미식에도 부정법이 있습니다.

'왜 안 돼(Why not), 안 그래(don't you?), 너무 하므로 안 된다(too...to), 천만에(Not at all. Never mind)'

다 네거티브입니다. 이처럼 모든 것을 포지티브로 해야한다는 것은 아닙니다. 적어도 자기 인생설계나 대인관계에서는 반드시 포지티브로 하도록 노력해야 합니다.

살다가 어려운 일이 생겼을 때 '나는 안 돼.' 라고 속단해서는 안 되지요. 포지티브로 생각하십시오. 반드시 가능한 길이 있습니다. 그것은 희망입니다. 판도라 박스에 남아있다는 마지막 희망을 믿으십시오.

남을 평할 때 가능하면 포지티브로 인정하십시오. 적어도 독화살이 되어 되돌아오지는 않습니다. 임진왜란을 일으킨 히데요시는 사람의 장점을 보는 습관이 있었고 그와 대항하는 미쓰히데는 단점을 보는 습관이 있었답니다. 당연히 사람들이 히데요시 쪽으로 쏠렸고 결국 그가 노부나가의 뒤를 잇게 됩니다.

피그말리온 효과를 아시죠? 직접 조각한 여인상을 진심으로 사랑하게 된 피그말리온의 사랑에 감동한 여신 아프로디테는 그 여인상에 생명을 주었다고 합니다. 대단한 힘입니다.

포지티브로 인생을 볼 때는 감사하는 마음도 우러납니다. 성경에도 '범사에 감사하라.' 고 써 있습니다.

칭찬해 주는 것도 세상을 바로 보는 것입니다. '칭찬은 코끼리도 춤추게

한다.' 라는 책이 한때 선풍적 인기였습니다.

조엘 오스틴의 '긍정의 힘(Your Best Life Now)' 은 더 무섭습니다.

그는 말합니다.

'긍정을 선택하라. 그러면 당신의 삶은 최선이 되리라.'

포지티브의 힘, 대단한 것입니다.

우리의 경우 오죽했으면 '내 탓이오.' 운동까지 벌어졌을까요? 이제 못 되었다고 조상 탓 말고 모든 것을 내 덕으로 삼는 마음을 가집시다.

여러분은 포지티브 자신이 있습니까?

첫사랑

괴테

아! 누가 그 아름다운 날을 가져다 줄 것이냐
첫사랑의 그때를
아! 누가 그 아름다운 때를 돌려 줄 것이냐
저 사랑스러운 때를

쓸쓸히 나는 이 상처를 기리고 있다
끊임없이 되살아나는 슬픔에
잃어버린 행복을 슬퍼한다

아! 누가 그 아름다운 날을 가져다 줄 것이냐
첫사랑의 그 즐거운 때를.

04 얼굴에 책임을

여러분도 첫인상을 보고 상대방을 우선 판단하는 일이 많지요? 나이가 들면 들수록 사람의 얼굴은 그 인생을 그대로 보여주는 거울입니다.

천의 얼굴을 가진 배우는 그렇지 않다고요? 아닙니다. 그들이야말로 얼굴로 배역의 역할을 흉내 내는 분들이죠.

여러분이 자신이 있을 때 얼굴은 바로 팽팽해지고 여러분이 두려워할 때 상대방은 곧바로 공격하는 법입니다.

얼굴이 지적이라고요? 아니 외유내강이라고요? 어느 평가도 바로 여러분의 얼굴에서 나오는 결과입니다. 여러분은 어떤 얼굴을 원하십니까?

여자의 얼굴을 말하면서 10대는 부모가, 20대는 자기가, 30~40대는 남편이, 50~60대는 자식이 만든다고 합니다. 무슨 소리냐고요? 사실 20대 이후는 모두 자신이 만드는 거지요. 남편이나 자식을 자신이 주도적으로 만드는 거니까요.

최근에는 취업 할 때 면접도 중요하니까 면접관에게 잘 보이기 위해 성형수술이 성행한다고 합니다. 그런 것도 말릴 것은 아닙니다. 내심으로 나타내지 못하는 것을 인위적으로라도 만드는 것이 나쁠 것은 없습니다. 다만 좀 비싼 것이 흠이지요. 그러나 그것도 투자라면 남에게 청할 수도 있을 겁니다. 보기 좋은 떡이 먹기도 좋다고 대기업 인사담당자의 70%가 외모가 가장 중요한 인선 기준이라고 말했습니다.

무엇보다 자연 그대로 보이는 생얼이 그의 진짜 인격이 아닐까요? 이제 꿈과 열정을 가진 모습을 홀로 그려보십시오. 바로 얼굴에 컴퍼스처럼 그려질 것입니다. 진실과 끈기 그리고 선악이 바로 나타날 것입니다.

제가 잘 아는 관상가가 있습니다. 우리나라에서는 알아주는 분으로 저는 알고 있습니다. 간혹 들러보면 그는 제 얼굴을 자세히 보면서 자국, 색깔, 방향 등을 살핍니다. 그리고 현재 나이에 맞춰서 최근 일을 봐주기도 하고 주의할 점도 일러줍니다. 그럴 때마다 감탄을 금치 못합니다. 제가 얻은 결론은 이렇습니다.

'인상보다 관상이, 관상보다 골상이, 골상보다 심상이 더 중요하다.'

결국 마음 즉 심상이 얼굴을 좌우하는 것입니다.

여러분은 어떻게 심상을 얼굴에 보일 것입니까? 항상 웃는 얼굴이 남을 편안하게 해줄 겁니다. '김치'를 외쳐보십시오. 김치가 싫다면 '위스키', 더 웃으려면 '와이키키'를 만들어보십시오. 입가에 웃음이 절로 맺힐 것입니다.

공자는 말합니다.

'군자는 멀리서 보면 의연하고 가까이서 보면 온화하니라.'

링컨도 말했습니다.

'나이 40이면 얼굴에 책임을 져라.'

40살이면 너무 늦습니다. 최소한 대학생일 때 평생의 얼굴을 만들어야 합니다. 자, 이제 얼굴에 책임을 지십시오. 몸짱 만드는 그 정열로 여러분의 얼굴을 책임지십시오.

05 아는 것이 힘이다

근대과학의 선구자 베이컨(Francis Bacon)이 한 말이죠? 아는 것이 힘이라고. 여러분도 살아오면서 벌써 터득한 것이리라 봅니다. 공부를 잘 했더라면 더 좋은 대학을 갔을 것 아닙니까? 자취방 구할 때 더 알았더라면 더 싸고 좋은 방 구했겠죠? 요즘은 컴퓨터가 있으니 조금만 발품 팔면 더 싼 물건을 살 수도 있고 얼마나 좋습니까? 그 흔한 토익 점수가 조금만 더 올랐어도 좋은 취업 기회는 얼마든지 있는데 아쉽지요? 결국 노력한 만큼 얻는 것이 세상사니 아는 것이 힘이라는 것은 그만큼 노력을 더 하라는 말밖에 안되지요.

노력도 급수가 있습니다. 주위에 흔해빠진 지식을 아는 것도 좋지만 더 넓게, 더 높이, 더 빠르게 아는 것이 중요합니다. 지방에서 노는 물이 서울에서 노는 물과 다르고 하물며 외국에서 어울리는 것과는 천지 차이입니다.

요즘 외국어 배운다고 해외로 나가는데, 싼 게 비지떡이라고 필리핀이나 뉴질랜드 다녀온 분들 얘기로는 정작 써먹을 데가 없더란 것입니다. 기초가 중요한 것이지요.

바둑을 배워도 그렇습니다. 제가 아는 분은 하수와 두면 수가 준다고 절대 두지 않습니다. 내기바둑만 두는 고수가 좀처럼 수가 늘지 않는 것도 마찬가지입니다.

차원 높은 배움을 갈구해야 합니다. 그래야 더 많이 나아갈 수 있습니다.

직장에서 흔히 겪는 일 중에 여러분의 능력을 보여줄 것이 있습니다. 나이 드신 분들이 여러분보다 아무래도 정보화가 늦겠지요? 사실 저도 잘 모르거든요. 꼭 필요하면 하겠지만 나이 들면 그만큼 게을러진다니까요. 그러니 워드는 물론이고 엑셀이나 프레젠테이션을 부탁할 것입니다.

그런 부탁을 들어줄 수 있는 것이 바로 앎이요, 능력인 것입니다. 한창 새마을운동 할 때는 말이죠, 차트 하나만 잘 쓰고도 출세했습니다. 한 때는 프레젠테이션을 잘 활용해서 장관이 된 분도 있었답니다.

여러분들은 요즘 시사문제에 꽤 익숙한가요? 입사 시험을 위해 일반 상식을 준비하는 것 외에는 소홀히 하기 쉽죠?

저희 세대는 확실히 다릅니다. 대화를 하다보면 신문이나 TV에 난 것 정도를 화제로 삼는 분을 간혹 만나게 됩니다. 그 정도도 모르는 분에게는 통하지만 이미 알고 있는 분들은 아주 식상하기 쉽습니다. 교양을 가늠하게 되죠.

교양을 넓히기 위해서는 책을 읽거나 사람을 만나거나 하다못해 여행이라도 다녀야 한답니다.

'퀴즈 대한민국' 프로에 출연하고픈 분들이 의외로 많습니다. 저도 마찬가진데요, 그런데 저는 음악문제만 나오면 두 손 들고 말죠. 기타는 고사하고 하모니카조차 불 줄 모르는 숙맥이거든요.

철인3종 경기? 물속에서는 맥주병이니 저는 뛸 수 없답니다. 얼마나 무지한지 알겠죠?

80/20/30법칙이 있습니다. 수익성에서 상위 20%를 차지하는 고객이 전체 이익의 80%를 차지하는 것을 80/20 법칙이라 합니다. 그런데 하위 30% 고객이 기업 잠재이익의 절반가량을 감소시킨다는 것이 이 법칙입니다. 이러한 것도 알고 대처하는 것이 힘입니다.

정말 아는 것이 힘이요, 능력입니다. 이것이 여러분의 자산이고 인생의 가치입니다.

06 시간이 금이다

청춘은 빠르다고 합니다. 어느새 후딱 지나가는 것이 젊음입니다. 할 일은 많지 어느 하나 남는 것 없이 세월은 막 떠나갑니다. 정말 시간은 금입니다. 다 아시는 일이죠?

그래서 어떤 분은 요즘 잘 나가는 소위 CEO를 분석해서 하루 18시간을 노력해야 한다고 강조하였습니다. 그리고 잠자는 시간도 아까우니 서너 시간으로 충분하다고 합니다.

천만에. 저는 단연코 고개를 흔듭니다. 누가 하루 18시간씩 일합니까? 다 헛소리입니다. 여러분은 믿지 마십시오. 아니 어릴 때부터 일만 하는 바보라면 그런 인생을 따라가지 마십시오.

인생의 길은 넓고도 깁니다. 가치 있는 일은 많고도 많습니다. 휴식도 인생이고 놀이도 삶입니다. 여러분은 구애받지 마시고 소신껏 할 일만 골라 하십시오. 선택하고 집중된 일에 투자하십시오.

시간도 질이 있는 것입니다. 시간도 선택하고 집중되어야 합니다.

시간 관리의 선구자 중 한 분이 벤저민 프랭클린입니다. 그는 50년 이상 자신의 수첩에 시간 관리와 13가지 덕목을 기록하며 확인했다고 합니다. 요즘 프랭클린 플래너의 원형이기도 하죠.

사람을 흔히 올빼미형과 새벽형으로 나누기도 합니다. 저는 새벽형입니다. 이른 아침 일어나 책을 읽으면 백지에 물감 들 듯 깨끗이 먹여집니다. 희부옇게 밝아오는 새벽이 그리 싱그러울 수 없습니다. 올빼미형은 물론 다르겠지요. 어느 것이라도 좋습니다. 자기 생체리듬으로 시간을 선택하는 것입니다.

학원을 가는 것도 사실은 시간을 아끼는 것이지요? 공부의 지름길을 가

르쳐주는 방식이니까요. 다만 기회비용이 꽤 들겠죠? 돈과 길 가는 시간과 그리고 무엇보다도 효과에 대한 의문 말입니다.

기회비용인데요. 고용인을 두면 어떨까요? 예컨대 워드를 칠 일을 손수 일일이 하는 것은 시간 낭비가 될 수도 있습니다. 간단한 정리는 남에게 부탁하는 것입니다. 바로 시간은 돈이기 때문입니다. 큰 돈을 작은 돈으로 사는 장사입니다.

시간은 철저한 관리가 중요합니다. 미리 준비하는 것도 필수입니다. 시테크가 꼭 필요한 이유입니다.

리더는 시간을 절약하기 위해 위임을 해야 합니다. 혼자 다 하려다가는 일에 치여 인생을 버리고 맙니다.

시간은 공간 개념과도 상통합니다. 서울에서 부산으로 가려면 시간이 들잖아요? 그런 시간이 바로 돈입니다. 저는 달리기를 좋아합니다. 처음에는 공간 개념으로 몇 킬로를 달리기도 합니다만 나중에는 시간 개념으로 몇 시간만 달립니다.

과학자들은 시간, 공간이 아닌 '시공간' 개념으로 벌써 그런 이치를 알려줬지요?

'제4의 혁명' 을 설파하는 앨빈 토플러는 공동으로 쓰는 대량시간(mass time)과 달리 아무도 기다려주지 않는 개인시간(personal time)을 논합니다. 이제는 세상도 개인 시대인 것입니다.

여러분은 시간을 지키지 않아 괜히 허둥대거나 남에게 불신을 준 적이 없습니까? 아니면 시간에 쫓겨 시간에 짓눌려 살고 있지는 않나요?

시간관리가 바로 돈입니다.

07 좋은 책을 골라라

정보화 시대에는 책의 홍수도 심합니다. 서점에 자주 나가시죠? 요즘은 서점에서도 바로 책을 읽을 수 있어 웬만한 책은 사지 않고도 읽어내는 독서광도 많다고 합니다. 돈도 아끼고요.

그러나 가장 아까운 것은 애써 읽은 책이 하잘 데 없을 때입니다. 시간도 아깝고 머리만 혼란스러우니까요. 그래서 사람들이 이름 있는 지은이만 고르는지 몰라도 저도 사실 신문에 나는 서평을 보고 책을 사는 경우가 많습니다. 그러다 보니 저 같은 이름 없는 사람의 책은 잘 읽히지도 않고요.

책의 홍수 속에서 좋은 책을 어떻게 골라야 할까요? 인터넷이나 신문의 서평? 선배들의 추천? 서점에서 아무거나 골라보는 책? 왕도가 없습니다.

다만 서울대 100선 정도나 CEO 추천 100권 정도를 기본으로 해봅시다. 그걸 다 읽어요? 논술 준비를 한다면 몰라도 다 읽을 필요가 없습니다. 자기 전공이나 좋아하는 교양 중에서 대표적인 것 몇 가지만 고르십시오. 틈날 때 서점에 가서 다시 한 번 골라보십시오. 저자나 책 표지 중 여러분 마음에 드는 것을 선택하면 됩니다.

세상은 워낙 빠릅니다. 벌써 옛날이 되어버린 책을 읽는 어리석음을 범하지 마십시오.

책 중에도 번역본은 읽기가 거북한 것이 많습니다. 하긴 전문적 번역가가 옮긴 책을 다른 분이 이름만 빌려 주는 일도 많다고 하니 말입니다. 특히 일본사람이 쓴 것 중에는 우리와 맞지도 않는 일이나 아무 거나 갖다 붙인 내용이 많아 기가 질리기도 합니다.

최근 대학생들이 도서관에서 일본책을 가장 많이 빌렸다는 기사를 보고

할 말을 잃었습니다. 여러분을 나무라기 전에 우리나라 작가들이 더 반성해야겠죠?

교양서의 경우는 그 선택의 어려움이 더 심합니다. 유사한 책이 수도 없이 많습니다. 한 가지만 택하고 나머지는 혹 서점에 가셨을 때 목차 정도만 곁눈질하십시오. 다른 일과 마찬가지로 기본만 익히면 된답니다.

제가 이 책을 저술하는 이유도 여러분이 하릴없이 수많은 책을 읽지 않기를 바라기 때문입니다.

왜 책을 읽느냐고요? 리더(reader)가 리더(leader)가 됩니다. 교보문고 신용호 전회장은 말합니다.

'사람은 책을 만들고 책은 사람을 만든다.'

요즘 컴퓨터가 유행이고 텔레비전이나 인터넷을 통해 새로운 지식을 흡수한다고 해도 책을 통한 지식과 정보는 당할 수가 없습니다.

다른 분이 평생을 두고 연구한 지식이나 감동을 한 권의 책으로 섭렵하는 것은 바로 여러분의 행운입니다.

책 읽는 것도 하나의 습관입니다. 저는 금년 들어 일주일에 한 권은 꼭 읽도록 정하고 있습니다. 여러분은 한 달에 한 권은 읽나요?

지나가다 책 한 권을 사서 서가에 던져놓고 어느 때 시간 나는 대로 집어 읽는 재미도 꽤 쏠쏠하답니다.

08 나만의 고전을 갖자

지금까지 여러분이 읽었던 감명깊은 책을 생각해보십시오. 떠오릅니까? 세 권, 네 권?

그 중에서도 평생을 따라다닐 만한 책이 얼마나 있을까요?

위편삼절이란 말이 있습니다. 공자가 주역을 너무 읽어 소가죽 책갈피를 세 번이나 갈았다는 것입니다. 일본 전자회사 회장은 반도체에 관한 책을 50번이나 넘게 읽어 이해하고 나서야 굴지의 회사를 차렸답니다. 이러한 것이 고전이 아닐까요?

저는 초등학교 때의 '그리스 로마 신화' 가 인상에 남습니다. 교회 가시는 분들에게 성경이 평생 남듯이 저도 이 책이 세상사와 서양사를 이해하는 데 큰 힘이 되었습니다.

커서는 '열국지' 가 세상풍파를 견디는 데 도움이 되고 있습니다. 그 어려운 한자성어의 대부분이 이 책에서 비롯된 것을 아신다면 왜 진작 못 봤을까 여러분은 후회하실 겁니다.

우리 세대에는 '논어' 라든지 '법구경', '채근담' 이 또 필수적인 교양서로써 자리매김을 했습니다. '논어' 가 뭘까요? 말 그대로 논리적인 말씀을 썼겠지요. 저는 그 중에서도 일이관지(一以貫之)를 제일 좋아합니다. 유교가 한마디로 뭐냐고 물었을 때 공자께서 한 말이기도 합니다. 모든 것은 하나로 통한다는 말, 얼마나 멋있습니까? 여러분이 논술을 하고 논문을 작성할 때 처음과 끝이 하나로 일관되게 쓸 수 있다면 그게 바로 정답이 아닌가요?

'법구경' 을 볼까요? 불경 중 주요 문구만 모아놓은 이 책의 첫 구절은 심위법본(心爲法本)입니다. '모든 것은 마음이다.' 우리 일상생활의 최대 경

구 아니겠습니까?

'채근담' 은 후대에 쓰인 유불선 종합교양서입니다. 벼슬에 있어 욕심을 비우라는 등 사회생활에서 필요한 많은 훈계를 가르치는 책입니다.

저는 또 교회도 나가는데 간혹 '성경' 을 통째로 읽곤 합니다. 예전에 군대 생활할 때 어떤 전도사 한 분과 몇 년을 토론하면서 읽은 경험 때문입니다. 성경에서 배울 점이 많으니 전 세계가 그 영향 아래 있지 않을까요?

최근 저는 코비의 '성공하는 사람들의 7가지 습관' 을 읽고 감명을 받았습니다. 저 나름대로 이를 정리하여 '꿈과 열정' 으로 엮어나갈 수 있었습니다. 또 속편으로 나온 '8번째 습관' 을 참고하여 앞으로의 길도 정리하였습니다.

여러분도 자신의 손때가 묻은 나만의 고전을 만들지 않으시겠습니까? 교양서나 전문 서적 중 몇 권은 평생 여러분의 반려자가 될 것입니다. 지금 그걸 선택하십시오.

'서울대 100선' 을 참고하셔도 좋습니다. 이것은 한국문학, 서양문학, 동양사상, 서양사상 그리고 과학기술로 나뉘어 있습니다. 각각 시대나 사상의 흐름을 볼 수 있어 좋긴 한데 다 읽을 가치는 추호도 없는 것들입니다. 또한 요즘의 경영 서적이나 토플러 등의 새 지식은 더 없고요. 그러니 단순히 참고용입니다. 어떤 것은 줄거리 정도만 알아도 충분하거든요.

여러분은 그래도 이런 책들을 계속 찾으려고 노력해야 합니다. 아직 설익은 여러분의 능력이 어떤 분야에서 분출할지 모르잖아요?

나만의 고전이란 결국 큰 나무를 만들어놓고 그 가지에 작은 책들을 걸어 간혹 들여다보는 것이 아닐까요?

09 글쓰기는 즐거워

매일 일기를 쓴다는 분을 보면 저는 존경을 넘어 외경스럽기까지 합니다. 어릴 때 선생님의 강요로 일기를 쓴 적은 있지만 저는 자주 쓰지 못했습니다. 여러분도 마찬가지일 것입니다.

살면서 간혹 글을 쓰긴 하지만, 지나고 보니 생활이 어려울 때 또는 힘들 때 쓴 글이 많았습니다.

'훗날 자서전이나 쓸까?'

뜬금없이 누구나 갖는 꿈같은 얘기죠.

요즘은 컴퓨터 시대니 글쓰기가 더 힘들다고요? 전화가 있으니 예전처럼 부모나 연인에게 편지 쓰는 것도 잊어버렸지요?

저는 오히려 컴퓨터가 있어 글쓰기가 더 좋은 세상이 아닌가 생각합니다.

여러분이 채팅하는 거 하나하나가 바로 글이 되고 역사가 되지 않을까요? 누구는 댓글을 모아 책도 내던데요.

저는 우연히 책을 한 권 냈었습니다. 박사 논문인데요, 왜 보통 학위를 받으면 논문집을 아는 분에게 드리잖아요? 저는 아무도 읽지 않는 까만 표지 논문집이 싫었습니다. 아예 책으로 증정하고 싶었어요.

그래서 논문을 쓸 때부터 책을 구상했었습니다. 그리고 원래 논문 말고도 참고자료들을 도표나 액세서리로 책 속에 끼워 넣어 괜찮은 책을 낸 것입니다.

'환경의 법이념을 찾아서'

제목도 좋지요? 사실 내용도 괜찮은 환경법 이론서입니다.

도둑질도 해본 놈이 잘 한다고, 책도 한 번 내고나니 또 내는 것은 아주

쉬웠습니다. 마음만 내키면 언제나 가능하죠. 그러기를 반복해 벌써 10여 권의 책이 나왔답니다.

그뿐인 줄 압니까? 제 책을 제가 읽어보는 재미 또한 무척 짭짤합니다.

며칠 전에도 저는 '단원 김홍도, 환쟁이새 전설' 세 권을 다 읽었습니다. 이 세상 어느 책보다도 재미있는 제 책입니다. 여러분도 읽어보시겠어요?

간혹 직장에서나 사업차 보고서를 쓸 경우도 있습니다. 여기에도 요령이 있지요.

첫째, 너무 빙빙 돌려서 쓰지 말고 결론부터 이야기할 것.

둘째, 단문으로 이야기할 것.

셋째, 모든 보고서는 한 장으로 요약할 것.

글 쓰는 것과 비슷한 일인 사진 찍기도 좋습니다. 디지털 카메라만 있어도 웬만한 장면은 남길 수 있겠죠? 거기에다 약간의 기록을 첨부하는 것도 나중에 큰 도움이 될 것입니다. 동영상이면 더 좋고요. 저는 금년부터 UCC를 인터넷에 올리려 한답니다.

저도 여행을 좋아하는데요. 어느 선생님이 말씀하셨습니다.

'여행은 세 번 한다. 먼저 가기 전 현지 모습을 공부하는 것이 한 번, 실제 돌아다니는 것이 두 번, 마지막으로 돌아와서 글로 정리하는 것이 세 번째다.'

이런 글쓰기야말로 현재의 자신을 되돌아보고 나중의 자기를 미리 내다보는 혜안을 가져다줄 것입니다.

10 시 100편을 외워라

해방 후 미국 사교계에서 유명한 우리나라 유학생이 있었습니다. 그의 비결이 걸작입니다.

'영시 100편을 외웠습니다.'

떠듬거리는 그의 영어에도 불구하고 그는 교양이 넘치는 인물이 되었습니다.

우리가 외운 시는 바로 자신의 교양이 되고 정감 넘치는 인격이 되는 것입니다.

지난겨울 제가 감명받은 일이 있었습니다. 제주에서 모임이 있었는데요, 거기서 건배를 제의받은 허영자라는 원로시인이 대뜸 서정주의 '국화 옆에서' 를 낭송하는 것이었습니다.

오랜만에 들어보는 시이기도 하지만 그런 유명한 분이 이런 분위기에서 시 읊는 모습이 정말 인상적이었습니다.

여러분은 얼마나 시를 알고 계십니까?

교과서에 나오는 시 정도라도 좋습니다. 아니면 최소한 계절 따라, 장소 따라, 장르 따라 몇 가지만을 골라보십시오. 사노라면 사는 멋에 따라 자연히 연상되는 시도 있겠지요?

'잔인한 4월' 을 노래하지 않더라도 '목련꽃 그늘 아래' 를 연상하십시오. 아니면 이 짧은 시 하나라도 기억하는 건 어떨까요? 이보다 더 짧아 외우기 쉬운 시도 있답니다.

'송화가루 날리는 / 외딴 봉우리
윤사월 해 길다 / 꾀꼬리 울면
산지기 외딴집 / 눈먼 처녀사
문설주에 귀 대이고 / 엿듣고 있다.'

박목월의 '윤사월' 입니다. 산촌의 허름한 농가를 볼 때마다 떠오르는 풍경입니다. 윤사월, 꾀꼬리, 외딴집, 눈먼 처녀, 무엇보다도 그리움이 묻어나는 애틋한 시입니다.

이처럼 시는 생각의 외연을 넓혀 인생을 살찌우는 밑거름입니다. 중국에서는 '시경' 이 오래 전부터 고전이고, 아리스토텔레스의 '시학' 은 현대시론의 텍스트입니다.

'시는 정을 뿌리로 하고 말을 싹으로 하며 소리를 꽃으로 하고 의미를 열매로 한다.' 라는 당나라 시인 백거이의 말이 떠오릅니다.

명시 중에는 노래가 된 것이 있습니다. 명곡인가요? 그런 노래도 부릅시다. 이제 외국도 자주 나가는 시대니 외국 노래나 시도 아는 게 좋을 겁니다. 첫 인상에서 얼마나 친밀감을 느끼겠습니까?

노래 얘기가 나왔으니 말인데 노래 잘 부르는 것도 복입니다. 요즘은 노래방 때문에 음치가 없다고 합니다만 사회생활에서는 어느 정도 자기 목소리를 낼 수 있는 솜씨가 필요하답니다. 분위기에 걸맞은 노래를 맘껏 불러봅시다.

시를 외우면 글도 잘 써지고 언어도 유장해집니다. 그리고 자기에 맞는 철학도 익히게 됩니다. 무엇보다 분위기 있는 인물이 되겠죠?

여러분은 입만 벙긋하면 시가 되는 그런 인생이 될 것입니다. 시인이 별것입니까? 그냥 읊으면 됩니다. 자연히 흘러나오는 운율에 맞춰 아름다운 글귀 하나를 넣고 또 나만의 철학을 하나 담아 긁적거리는 것입니다. 한 번 왼 100편의 시가 무한한 새끼를 칠 것입니다.

시집을 하나 골라 자기 나름의 시 100편을 찍읍시다. 그리고 상황에 맞춰 외워봅시다. 그리고 연인들 모임에서 읊으십시오. 자신도 모르게 올라간 위상을 느낄 것입니다.

11 평생 건강의 기초

생리적으로 인간은 25세까지만 성장합니다. 평생 건강도 그전까지 다져야 합니다. 어릴 때 병약한 분이 결국 노년까지 병치레를 달고 다니는 것을 우리는 많이 봅니다.

이제 100살까지 산다고 보면 젊어 건강이 얼마나 중요한지 짐작이 갈 것입니다.

저는 복이 많습니다. 시골에서 살다보니 어릴 때부터 농사일을 하고 지냈습니다. 흙을 파고 리어카를 밀며 동네 시장을 싸다녔죠. 중학교부터는 십리 산길을 넘어 등하교를 했습니다. 다리가 튼튼한 이유죠.

여러분은 어떻습니까? 제가 오히려 걱정하는 부분이기도 합니다. 여러분은 지금까지 공부만 하느라 제 몸 하나 가누지 못했을 겁니다. 이제부터라도 평생 건강을 챙깁시다.

건강은 스포츠와 연관이 많습니다. 평소에 즐기는 운동이 바로 건강으로 이어지죠. 길거리 농구도 좋고 동네 축구도 즐겁죠? 수능이 끝나고 나니 고수부지에서 걷기를 하는 여고생이 많아지던데요?

알맞은 운동은 우선 비만을 막고 성인병에 직결되는 혈압, 당뇨를 정상화합니다. 아직 여러분이야 그런 걱정을 안 하겠지만 얼마 남지 않았습니다. 지금 준비하지 않으면 어느덧 찾아오는 성인병의 덫을 뿌리칠 수 없습니다. 한번 걸리면 평생을 고생해야 하는 것이 바로 성인병입니다.

제가 병무청에 근무할 때 여러분 또래의 신체검사를 유심히 본 적이 있습니다. 면제 말고도 쉽게 말해 공익요원은 군에 부적합한 자원입니다. 이런 경우가 아주 많다는 것이 안타까운 현실입니다.

건강은 유네스코 헌장처럼 신체적, 정신적, 사회적, 영적 건강을 다 포함합니다.

건강한 신체에서 건강한 정신이 나옵니다. 한번 극기에 도전해 보십시오. 일부러 에베레스트에 오르지 않아도 됩니다. 요즘 마라톤이 유행이지요? 처음 10킬로라도 시도해 보는 거죠.

전 독일 외무장관 요쉬카 피셔는 '나는 달린다.' 에서 말합니다.

'달기기는 내 체중 뿐 아니라 인생 자체를 바꿔놓았다.'

저는 풀코스를 10여 회 달렸습니다. 뛸 때마다 힘듭니다. 저는 이런 생각을 갖고 달립니다. 처음 20킬로는 어제의 결과, 다음 10킬로는 오늘 일, 마지막 10킬로는 내일의 힘이다. 아, 35킬로에서 만나는 숨이 막히는 하트브레이크(heart break). 거기부터가 정신력입니다. 그것이 바로 평생 건강의 바로미터입니다.

요즘은 정신보다는 무의식을 전제한 신체를 오히려 위에 두고 있습니다. 소위 리비도를 우선하지요.

사회적 건강도 중요합니다. 남과의 좋은 인간관계가 스트레스를 확 줄일 것입니다.

영적 건강도 대단합니다. 이제 종교를 믿든지, 아니면 저 높은 산에 올라 자연의 향취를 맘껏 마시십시오.

건강의 천적은 병입니다. 병을 유발하는 3대요인은 바로 ABC, 즉 알코올, 피로, 담배라고 합니다. 하지 말라는 것이 아니라 절제하는 것이 중요합니다. 알코올은 적당하게, 피로는 바로바로 풀고, 담배는 나이 들수록 끊어가는 추세임을 아셔야죠. 여러분은 그렇다고 알고만 있어도 충분합니다.

그리고 알맞은 운동을 골라 하시고 무엇보다 할 만한 일에 매진하는 것 자체도 큰 행복입니다. 앞으로 여러분이 세상을 살아나갈 때 체력이 여러분의 승부에 결정적일 때가 있을 것입니다. 그때를 대비하십시오.

평생 건강을 다져 그 체력으로 100살까지 사셔야 합니다.

사랑 사랑 긴긴 사랑

이름 없는 이

사랑 사랑 긴긴 사랑 개천같이 내내 사랑

구만리 장공에 넌즈러지고 남는 사랑

아마도 이 님의 사랑은 가없는가 하노라.

사랑하는 사람아

롱펠로

사랑하는 사람아, 편히 쉬거라
내 너를 지키러 이곳에 왔다
네 곁이라면
네 곁이라면
혼자 있어도 나는 기쁘다

네 눈동자는 아침의 샛별
네 입술은 한 송이 빨간 꽃

사랑하는 사람아, 편히 쉬거라
내가 싫어하는 시계가
시간을 헤아리고 있는 동안에.

내 사랑아

예이츠

내 사랑 나의 사랑아
나는 누구보다 더 잘 알고 있지
무엇이 그대의 가슴을 그토록 뛰게 하는지
그대의 어머니조차도
나만큼은 모르리
그 열렬한 생각이
그녀는 부인하고 그리고 잊어버렸지만
그녀의 피를 온통 들끓게 하고
그녀의 눈을 반짝이게 할 때
그녀 때문에 내 마음 아프게 했던 게
누구인지를.

키 스

그릴파르처

손 위에 하는 것은 존경의 키스
이마 위에 하는 것은 우정의 키스
뺨 위에 하는 것은 감사의 키스
입술 위에 하는 것은 사랑의 키스
감은 눈 위에라면 기쁨의 키스
손바닥 위에라면 간구의 키스
팔과 목에 하는 것은 욕망의 키스
그 밖에 하는 것은 모두 미친 짓!

선 물

티즈데일

나는 첫사랑에게 웃음을 주었고
둘째 사랑에게는 눈물을 주었다
셋째 사랑에게는 아주 오랫동안
깊고 깊은 침묵을 선물하였다

내게 첫사랑은 노래를 주었고
내게 둘째 사랑은 눈물을 주었다
오, 그러나 나의 셋째 사랑은
내게 나의 영혼을 선물하였다.

이제는 누구를 사랑하더라도

정 호 승

이제는 누구를 사랑하더라도
낙엽이 떨어질 때를 아는 사람을 사랑하라
이제는 누구를 사랑하더라도
낙엽이 왜 낮은 데로 떨어지는 지를 아는 사람을 사랑하라
이제는 누구를 사랑하더라도
한 잎 낙엽으로 떨어질 수 있는 사람을 사랑하라
시월의 붉은 달이 지고
창밖에 따스한 불빛이 그리운 날
이제는 누구를 사랑하더라도
한 잎 낙엽으로 떨어져 썩을 수 있는 사람을 사랑하라
한 잎 낙엽으로 썩어
다시 봄을 기다리는 사람을 사랑하라

내 소녀

오 일 도

빈 가지에 바구니 걸어 놓고
내 소녀 어디 갔느뇨.

…….

박사(薄紗)의 아지랑이
오늘도 가지 앞에 아른거린다.

비 가(悲歌)

알프레드 드 뮈세

나 죽거든 사랑하는 친구여
내 무덤가에 버드나무를 심어다오
나 그 그늘진 가지를 좋아하나니
내 잠들 땅 위에
그 그늘을 사뿐히 드리워다오.

초원의 빛

워즈워스

여기 적힌 먹빛이 희미해짐에 따라
그대 사랑하는 마음 희미해진다면
여기 적힌 먹빛이 말라버리는 날
나 그대를 잊을 수 있을 것입니다.

초원의 빛이여!
꽃의 영광이여!

그것이 돌아오지 않음을 서러워 마십시오
그 속에 간직된 오묘한 힘을 찾을지라
초원의 빛이여! 그 빛이 빛날 때
그때 영광 찬란한 빛을 얻으소서.

이 별

기욤 아폴리네르

그들의 얼굴은 파랗고
그들의 흐느낌은 꺾이었네

해맑은 꽃잎에 쌓인 눈
아니 입맞춤에 떨리는 그대의 손길처럼
가을 잎은 말없이 떨어지고 있었네.

우는 것을 보았다

바이런

우는 것을 보았다
크게 반짝이는 눈물이
그 푸른 눈에서 흐르는 것을
제비꽃에서 떨어지는
하얀 이슬인 듯 싶었다

웃는 것을 보았다
사파이어의 반짝임도
네 곁에선 무색해 빛을 잃었다
너의 시원스럽게 빛나는 눈결
그 빛을 따르는 건 없으니.

이화에 월백하고

이 조 년

이화에 월백하고 은한이 삼경인제

일지춘심을 자규야 알랴마는

다정도 병인양하여 잠못 들어 하노라.

동짓달 기나긴 밤을

황 진 이

동짓달 기나긴 밤을 한허리를 베어내어

춘풍 이불 아래 서리서리 넣었다가

어른님 오신 날 밤이어든 굽이굽이 펴리라

어져 내 일이여

황 진 이

어져 내 일이여 그릴 줄을 모르더냐

있으라 하더면 가랴마는 제 구태여

보내고 그리는 정은 나도 몰라 하노라.

당신이 날 사랑해야 한다면

엘리자베스브라우닝

당신이 나를 사랑해야 한다면
오직 사랑을 위해서만 사랑해 주세요
그녀의 미소와 미모와 다정한 언어로 하여
나와 같은 생각을 가졌다는 이유만으로
언제나 즐거웠던 느낌만으로
사랑한다고 말하지 말아요
그대여 이런 것들은 저절로 변할 수 있고
그대를 시작된 사랑은
그렇게 깨질지도 모릅니다
그대의 연민으로 내 눈물을 닦아내는
그런 사랑도 하지 말아요
그대의 위안으로 슬픔을 잊어버린 사람은
그 때문에 그대의 사랑을 잃을지도 모르니까요
오로지 사랑만을 위해 나를 사랑해 주세요
영원히 그대 사랑할 수 있도록.

내 눈을 감겨주오

릴케

내 눈을 감겨주십시오
그래도 나는 그대 모습 볼 수 있습니다
내 귀를 막아주십시오
그래도 나는 그대 목소리 들을 수 있습니다
발이 없어도 그대에게 갈 수 있고
입이 없어도 그대에게 애원할 수 있습니다
내 팔을 꺾어 주십시오
그래도 나는 그대를 안을 수 있습니다
손으로 붙잡듯이 심장으로 잡을 것입니다
내 심장을 멎게 해주십시오
그래도 나의 뇌는 고동을 칠 것이며
나의 뇌에 그대가 불을 지른다 하여도
내 피로 그대를 껴안을 것입니다.

내 가진 것 모두 그대에게 주었나니

스윈번

그대여 더 이상 원하지 말아요
내 가진 것 모두 그대에게 주었나니
그대여 이것이 더 값지다면
모두 그대 발 밑에 내어 주리다
그대를 행복하게 할 정열의 사랑과
그대를 채찍질하여 날게 할 노래를

단 한 번일지라도 그대 옷깃에 스치우고
좀더 참다운 그대의 사랑을 느끼고
그대의 정다운 이야기를 듣는다면
그 무엇이 나에게 아까우리오

그대를 사모하고 그대를 호흡하며
저 하늘을 나는 그대의 날개에 쓸리우고
예쁜 그대의 발꿈치에 밟힌다면

그러나 사랑밖에는 아무것도 없나니
내어드리겠습니다
다만 이 사랑을
더 값진 것 가진 이 있거든 그대에게로 가세요
더 귀한 것 가진 이 있거든 그에게로 가세요
내 가진 것이라곤
여기 그대 발 밑의 붉은 심장뿐.

제3부

도와주는 인간관계

01 인간관계의 황금률

인간은 서로 도와주는 관계 속에서 살아갑니다. 여기에 인간관계의 황금률이 있습니다.

모든 종교에서도 이러한 인간관계의 황금률을 다루고 있습니다.

'대접을 받고자 하는 대로 너희도 남을 대접하라.' (누가복음)

'내게 해로운 것으로 남에게 상처 주지 말라.' (우다나품)

'내가 원치 않는 것은 남에게도 행하지 말라.' (논어)

'내게 고통스러운 것을 남에게 강요하지 말라.' (마하바라타)

'나를 위하는 만큼 남을 위하지 않는 자는 신앙인이 아니다.' (코란)

결국 인간을 인간으로 보는 것이 황금률입니다. 실제 여러분은 가난한 자에게 동정을 느낍니까? 죄 있는 자에게 연민을 느낍니까?

인간은 만만한 이를 보고 멸시하기 쉽습니다. 약한 자를 짓밟기 쉽습니다. 이것이야말로 가장 경계해야 할 인간의 수치입니다.

법철학에 이런 말이 있습니다.

'죄는 미워해도 죄인은 미워하지 마라.'

경영학자 번즈(James M. Burns)는 말합니다.

'리더에게 줄 수 있는 가장 실제적인 충고는 이것이다. 볼모를 볼모로, 왕자를 왕자로 대하지 말고 모든 사람을 사람으로 대하라.'

논어의 일이관지는 충서(忠恕)입니다. 충서는 바로 자기를 성찰하고 남을 헤아리는 것입니다.

수학자들은 황금비를 $\frac{1+\sqrt{5}}{2}$로 정합니다. 즉 1.61803388이죠. 나보다 남 쪽으로 조금 더 기울어져 있는 모습이 만물의 황금비율입니다.

가까운 친구나 가족이나 이웃이나 다 마찬가지입니다. 인간으로서 대할 때 그도 똑같이 우리를 대하는 것입니다. 언제 무슨 일로 그가 나를 도울지 아니면 해칠지 아무도 모릅니다.

무조건 도와주는 것이 상책입니다.

그것이 바로 제로섬(zero-sum)이 아닌 윈윈(win-win)전략이죠. 상승효과는 시너지를 얻어 그 효과가 배가되나 반대의 경우 그 역효과는 엄청난 것입니다.

불교에서는 이를 업보로 나타냅니다. 다시 인간으로 태어나려면 얼마나 선행을 해야 한다고요? 선가(仙家)에서도 최소한 삼 대가 덕을 쌓아야 조상 덕을 본다고 말합니다.

저는 주변에서 당대에 벌써 그 덕을 보는 경우를 많이 봅니다.

인간관계의 황금률은 혜택을 받겠다는 것 이상의 기본율입니다. 인격의 바로미터가 되어 상대방에게 바로 영향을 미칩니다.

남을 헐뜯기보다는 존경하면, 그 효과는 거울에 반사되듯 바로 메아리로 돌아올 것입니다.

02 미워하지 마라

인간관계의 황금률을 안다면 남을 미워할 수 없을 것입니다. 여러분 중 한 번도 남을 미워해본 적 없는 분이 계신가요? 아마 없을 겁니다. 있다면 이 세상에 무슨 종교가 필요하며 법이 무슨 소용 있겠습니까? 그런데 어떻게 남을 미워하지 않을 수 있냐고요?

바로 그 사람 입장에서 이해해주는 것입니다. 그래도 이해가 안 된다고요? 억장이 무너진다고요?

잊어버리십시오. 세상에 그런 일 하나 없다고 해서 지구가 거꾸로 갈 것도 아니고 당장 종말이 올 것도 아닌데 왜 그렇게 연연하십니까?

시간은 흘러가고 우리는 망각이라는 좋은 그물망을 가지고 있습니다.

'화'란 우리말이 옥스퍼드 사전에 올랐다든가요? 얼마나 속을 썩였으면 화가 날까요. 그러나 우리 어른들은 이를 가슴에 품지 않고 내다버리기를 좋아했답니다. 사랑채를 백인당(百忍堂)이라고 부르는 것은 100번을 참아야 한다는 뜻이지요. 그것이 바로 수양의 극치랍니다.

인격이 따로 없습니다. 바로 이런 것이 인격이요, 인성이랍니다.

화낼 일을 보고 우리는 달리 배울 일이 있습니다. 바로 반면교사며 타산지석이랍니다.

제게 평생 가장 많은 것을 가르쳐준 선생을 들라면 저는 바로 이 반면교사를 들겠습니다.

어른이나 선배, 이웃이 제게 턱도 없는 일을 강요할 때 저는 이를 반면교사로 삼습니다.

군대 생활할 때 상급자에게 매도 많이 맞았지만 저는 그러지 않겠다는 반면교사 덕에 한 번도 하급자를 때린 적이 없습니다.

어디 하급자뿐입니까? 저는 누구에게도 손찌검을 해본 적이 없습니다. 뭐 대단한 거냐고요? 오죽 했으면 꿈에서 남을 때린 적이 있었는데 깜짝 놀라 깨곤 했겠어요?

한번은 누가 부처님에게 엄청 욕지거리를 했답니다. 부처님이 아무렇지도 않게 지나가자 제자가 묻습니다.

'왜 대꾸하지 않습니까, 화가 나지도 않습니까?'

'주는 욕을 내가 받지도 않았으니 욕이 도로 그에게 돌아갔다네.'

그런 것입니다. 세상에는 미워할 일이 없습니다.

성경에도 '왼빰을 때리거든 오른빰을 내밀라.' 고 하지 않습니까?

힘들겠지요? 복수는 복수를 또 불러오는 겁니다. 조폭 영화의 끝은 어디였습니까? 누가 이기고 누가 집니까?

'용서하는 자가 이기는 것이다.'

어떤 명언보다 값진 글귀입니다.

영국의 시인 브라우닝은 말합니다.

'용서하는 것은 좋다. 잊어버리는 것은 더 좋다.'

그러나 남은 용서하되 자신은 절대 용서해서는 안 됩니다. 알겠죠?

미움은 혈액순환을 방해하여 맥박을 급하게 하고 위장 운동을 정지시켜 음식을 받지 않게 합니다. 얼마나 건강에 해롭습니까?

'총장님은 미워하지 않을 자신 있으세요?'

사실 저도 자신 없습니다. 허나 확실한 것은 아직 누구도 제 맘속에 담아두고 애달파하지는 않는다는 사실입니다.

세상에는 미워하기보다는 좋아할 일이 더 많습니다.

세상을 사랑하십시오.

03 사랑을 알자

여러분은 사랑이라면 당장 남녀 간 사랑을 떠올리죠? 당연합니다. 그 외에도 사랑은 여러 종류가 있습니다. 가족은 물론이고 이웃 간 사랑도 있고 가장 넓게는 인간애가 있겠죠? 기독교는 이러한 사랑을 기본으로 하는 종교랍니다.

환경을 중요시하는 현대에는 자연과의 조화도 사랑의 범주에 속합니다.

사랑은 양파입니다. 한 껍질을 벗기면 또 다른 껍질이 나옵니다. 하나가 이웃에 대한 사랑이라면 다음은 가족, 친구, 자연에 대한 사랑입니다. 계속 나오죠.

저는 여러분에게 애절한 사랑을 한 번쯤 경험해보라고 권하고 싶습니다. 사랑도 한때입니다. 나이에 걸맞은 사랑을 제때에 해보지 못한다면 다시는 그 영험을 알지 못하고 평생 후회할지도 모릅니다.

영화 '겨울연가' 가 세계에 한류를 일으켜 주었습니다. 애틋한 사랑을 나누는 얘기는 이전에도 많이 있지요? '로미오와 줄리엣', '춘향전' 그리고 '인어공주' 말입니다.

이런 스토리가 왜 인류에 회자될까요? 그만큼 귀한 얘기가 아닐까요?

여러분도 이런 연가에 도전하십시오. 물론 말대로 쉬운 것은 아니겠지만 사랑에도 무척 대단한 용기가 필요합니다.

저는 불효를 범하면서도 제가 원하는 사랑을 했습니다. 아주 힘들고 어려웠습니다만 주위에 용서를 구하고 원래의 사랑 언약을 지켰습니다.

'한 번도 마음이 변한 적 없어.'

저는 요즘도 아내에게 큰소리칩니다. 물론 그걸 믿는 아내도 아니지만 저는 호기있게 외치는 것입니다. 적어도 사랑만큼은 누구에게도 지지 않을

경험을 한 것입니다.

그 힘든 것을 여러분에게 권하는 것은 결코 아닙니다.

사랑에는 환희와 함께 해결해야할 책임도 따릅니다. 결혼에 대한 최소한의 약속이나 장래에 대한 언약을 했으면 지켜야 하는 것입니다. 요즘은 취업이라든지 생계 걱정도 더불어 의논해야겠지요?

그러나 사랑이 꼭 결혼을 전제로 하는 것만은 아닐 것입니다. 남녀 간에 서로의 정을 느끼고 또한 서로의 차이를 알면서 가까이 갈 수 있는 길을 아는 것도 사랑입니다.

어떤 결과가 될지 모르지만 하느님이 만들어주신 신성한 성의 자유를 누려보십시오.

사랑이 시가 되고 꽃이 되어 세상을 덮어줄 때까지 사랑을 갈구하십시오.

고수부지나 길가를 걷다보면 개를 데리고 다니는 분을 많이 봅니다. 핵가족에 식구가 없다보니 당연히 애완동물을 좋아하는 것이겠죠.

'동물을 좋아하는 사람 치고 나쁜 이가 없다.'

맞는 말입니다.

어린이는 어떻습니까? 천진난만한 어린이야말로 사랑의 징표입니다.

어린이든 나무 한 그루든 사랑하십시오. 그것이 바로 연인에 대한 안테나입니다.

사랑은 세상을 아름답게 하는 무지개랍니다.

04 가족은 영원하다

'가족' 하면 가장 먼저 떠오르는 말이 어머니란 통계가 있습니다. 어머니는 하느님이 세상을 다 못 돌보므로 대신 만들어낸 분이기도 합니다.

가족이란 좁게는 부모형제, 배우자 등이지만 넓게는 일가친척이 다 해당됩니다. 요즘은 핵가족이 되어 더불어 사는 가족이라야 몇 안 되는 경우도 많습니다.

단란한 가족. 생각만 해도 행복합니다. 오순도순 마주 앉아 텔레비전을 보며 웃음꽃을 피우는 모습 말입니다. 부처님도 다리 밑 거지 일가의 단란한 가족을 보고 출가를 결심했다죠?

영화 '괴물'이 뜬 것도 가족애를 보여주었기 때문이라고 합니다.

가족이 마냥 행복할 수만은 없습니다. 같이 부딪치다 보면 어려움이 더 많죠.

저는 아내의 잔소리를 보약이라고 생각합니다. 여자는 잔소리를 통해 스트레스를 푼다나요? 소크라테스도 악처 때문에 철학자가 되었죠?

'아이고 이 웬수야.'

모녀간에 이 정도 말 안 오간 일도 드물 것입니다. 그러나 세월이 흐르고 보면 결국 남는 것은 가족뿐인 것을 어쩌죠?

이것을 온정주의로 몰아칠 필요는 없습니다. 법을 어기는 것이야 안 된다고 해도 가족 간의 정리는 어디에도 비할 바 없는 천리입니다.

저는 간혹 텔레비전에서 이산가족 찾기를 보곤 합니다. 절로 흐르는 눈물을 닦지도 않고 볼 때도 많습니다. 어릴 때 잃어버린 아이를 30년이 지나 만나도 어머니는 영원하고 자식은 변함없는 새끼임을 보여줍니다.

미국 풋볼 스타 하인스 워드는 '어머니의 사랑이 삶의 밥 자체'라고 했습

니다. 가족은 우리가 살아가는데 필요한 세상의 양식을 주는 그릇이기도 합니다.

9 · 11테러 때 뉴욕 시장은 줄리아니였습니다. 그의 아버지는 권투선수였는데 '얻어맞을수록 침착하라.' 는 교훈을 주어 당시 사태를 잘 수습할 수 있었던 것입니다. 케네디 대통령의 어머니는 '이기지 못한 사람에게도 마음을 써라.' 고 했답니다. 이런 것이 케네디 가의 아름다운 가풍이겠죠?

가족은 칼로 물 베기와 같아, 때로는 싸우다가도 곧 가까워지죠? 그러나 세월은 가족에게도 생채기를 남기나 봅니다. 아마 구성원이 자라면서 각자 갈 길을 가야하기 때문이기도 할 것입니다. 그것이 종족 보존의 당연한 원리이기도 하고요.

저도 나이를 먹어서인지 가족에 대해 간혹 서운한 감정이 생깁니다. 무한정의 아가페가 아니라 조금은 이기적으로 변해가는 감정 말입니다. 무엇일까요. 어릴 때의 자식에게는 보호자로서 할 일을 한 것뿐이고 이제 큰 자식은 홀로된 어른으로서의 제 역할에 대견스러워만 해야 할 때입니다.

'자식은 바람이라오.'

촌로가 넋두리 마냥 읊는 그런 한숨이랍니다.

'낙엽이 우수수 떨어질 때……'

어머니가 살아계시든 아니든 누구나 이 노래를 들으면 마음이 숙연해집니다.

여러분은 돌아가도 반길 이 없는 고향을 상상해 보셨나요?

여러분은 이제 홀로서기를 하는 과정입니다. 7년 여의 세월을 지나 허물을 벗고 겨우 한 열흘 우는 매미를 아시죠? 과감하게 껍질을 벗어버리고 가족의 울타리가 될 준비를 하십시오.

여러분은 부모님이나 다른 어른들께 가족의 정을 다시 돌려 드리도록 준비해야 할 때입니다.

05 평생의 친구

영화 '친구'를 보면서 실망했던 기억이 납니다. 조폭 영화가 그 후로 왜 그리 많은지, 욕지거리만 난무하는 그런 영화를 보는 것이 이제 싫증이 납니다.

조용필의 노래 '친구여'를 들어보면 어떻습니까? 무언지 짜릿한 느낌이 든든한 배경을 이루고 있지 않나요?

친구는 믿음직한 나의 힘이요, 어려울 때 가장 먼저 떠오르는 나의 분신입니다.

'평생 두 세 명의 친구만 있어도 인생은 성공이다.'

어느 책의 명구절입니다. 친구는 그만큼 어려운 법입니다.

여러분은 그러한 친구가 있습니까? 여러분에게 지금 그러한 친구를 들먹이라고 하는 것 자체가 무리인 줄 압니다.

저 자신조차 지금도 꼭 집어 말할 수 없으니까요.

관포지교를 아시죠? 관중은 어려움 속에서 출세를 한 분이고 포숙아는 그러한 관중을 지켜주는 친구지요. 관중이 제 환공을 죽이려고 했는데도 포숙아는 관중을 추천해 출세를 시킵니다.

문경지교란 말도 있습니다. 목이 잘려도 우정을 지키는 사이죠.

이만한 우정을 가진다는 것은 자기목숨보다 더 상대를 생각하는 관계를 말합니다. 모든 어려움과 기쁨을 함께 나눌 수 있는 사이랍니다.

'우정은 무조건 주고도 혹시 더 줄 것이 없나 걱정하는 것이다.'

제 친구 한 명은 술잔을 들고 꼭 이 말로 건배하는 습관이 있습니다. 그래서 그런지 다 그를 좋아합니다. 그는 이런 말도 곧장 합니다.

'우정은 산길과 같아 자주 가지 않으면 없어지는 길이다.'

평생의 지기는 삼강오륜에서 보듯 신의가 있어야 합니다. 자기처럼 믿을 수 있는 관계가 우정입니다. 논어에서도 정직한 친구, 의리 있는 친구와 지식이 많은 친구를 유익한 벗으로 거론합니다. 우정은 항상 그렇듯이 좋을 때는 표시가 나지 않습니다만 어려울 때 진정한 친구를 알 수 있습니다.

'돈 좀 빌려줄래?'

여러분은 선뜻 그렇게 말할 친구가 있습니까? 그리고 그가 선뜻 빌려줍니까?

오히려 친구 간에 돈을 빌려주면 '돈 잃고 친구 잃는다'는 말이 되돌아오지는 않을까요?

저는 친구 사이에 돈거래가 없는 것이 옳다고 봅니다.

그러나 참 어려울 때 꼭 필요한 최소한의 돈이 그를 살린다면 잃는 셈 치고 줄 수는 있습니다. 그것이 참된 우정이라고 볼 수 있지요.

우정은 평생 서로 모자라는 부분을 보완해주면서 같이 살찌우는 그런 관계가 아닐까 생각합니다. 사랑이 잃어버린 한 짝을 찾는 것처럼 우정도 부족한 한 부분을 보완해주는 그런 짝지였으면 좋겠습니다.

이런 것은 하루아침에 이루어질 수는 없는 것이고 영근 세월의 그늘 속에서 태어나는 영지버섯 같은 것이랍니다. 사람들은 친구를 보고 그 사람의 인격을 안다고 합니다.

죽을 때까지 더불어가는 친구를 만듭시다.

06 외로움을 사랑하자

현대는 스피드의 시대인데다 청춘은 할 일이 많다보니 쉴 틈도 없이 일상을 보내기 십상입니다. 더구나 생존경쟁에서 살아남기 위해서 조금도 한눈 팔 수 없는 현실이 더욱 가슴 아플 뿐이죠.

그러나 매사 한 곳으로만 흐르면 병이 생기는 법입니다. 간혹 쉬기도 하고 더 나아가서 혼자의 시간을 갖는 것도 필요합니다.

간혹 칠흑 같은 밤하늘을 보십시오. 저는 그리스 신화에 나오는 황소자리를 찾기도 하고 그 위 카시오피아 자리에서 운명을 점치기도 합니다. 오리온을 보며 과자 내음을 맡기도 하고요.

눈이 맑아지고 머리가 비고 인생 의지가 별처럼 뻗어가는 순간을 맛봅니다. 제가 외로움을 즐기는 방법이지요.

저는 아침마다 달리기를 합니다. 진주 남강변이 되기도 하고 한강 잠실 고수부지를 뛰기도 합니다. 혼자 달리는 시간 속에서 바로 하루의 일이 정리되고 미뤘던 일의 설계가 세워지기도 합니다. 무엇보다 멍한 공간 속에서 샘솟듯 흘러나오는 생각의 고리는 신비롭기만 합니다. 그것도 외로움의 한 단계지요.

달리기 말고도 요즘 사람들은 등산이나 낚시를 많이 즐기죠? 이런 분들도 나름대로의 외로움을 나누는 것입니다.

홀로 된다는 것은 일상의 피로를 푸는 방법이기도 합니다. '제도의 피로'란 말이 있습니다. 자본주의나 요즘 유행하는 혁신이라는 제도도 운용하다보면 보이지 않는 피로가 나타납니다. 아무리 좋은 것도 계속 이용하다보면 생기는 어두운 면입니다.

일기 쓰듯이 간혹 홀로 되어 문득 떠오르는 생각을 반추해본다면 이러한 일상의 피로가 사라질 것입니다.

'있는 것이 빈 것이요, 빈 것이 있는 것(色則空, 空則色)' 이라는 경구도 있습니다.

홀로 있다는 것의 뿌듯함은 바로 이런 것입니다.

현대는 너무 복잡합니다. 신문이나 텔레비전이 일상을 누르고 있습니다. 도인들이 산중에서 세상을 잊어버리듯 우리도 한번은 핸드폰이나 전화를 끊고 세속을 떠나볼까요?

태풍의 눈이 되어보십시오. 거센 폭풍우 속에서도 평온을 유지하는 한가운데의 맛을 느껴보십시오. 수레바퀴는 굴러도 가운데 축은 그대로 있는 법입니다.

여러분도 한번쯤 타이트한 시간을 일부러 놓아버리십시오. 약속시간을 놓치고 갑자기 텅 빈 시간을 애석해하지 말고 빌빌해보십시오. 생각지도 못한 이벤트로 새로운 일을 맡을지도 모릅니다.

여러분이 공부할 때도, 기억하려면 잘 잊어야함이 중요하다는 것을 알 것입니다. 잊어버려야 머리에 더 넣을 공간이 생깁니다.

할 일을 잊어버리고 일탈하는 방법 중 하나가 여행이기도 합니다. 계절이 바뀔 때마다 집 떠나 길을 나서보십시오.

그러한 외로움을 사랑하십시오.

07 인맥도 능력이다

이제 사회생활에서는 인맥도 큰 능력으로 인정받고 있습니다. 특히 우리나라에서는 혈연, 지연, 학연을 통한 인맥이 그 역기능 못지않게 긍정적 역할을 하고 있습니다. 몇 년 전 어느 일간지 조사에서 우리나라의 인맥 지수를 6으로 조사한 적이 있습니다. 즉 누구를 대도 6단계만 거치면 다 안다는 것이죠. 얼마나 좁은 나라입니까?

여러분은 좋은 학교를 나와 훌륭한 인맥을 형성하는 분을 보기도 하겠지만 대부분은 생각만큼 넓은 인맥을 가지지 못하고 있습니다.

당연하죠. 인맥은 세월이 흘러야 익는 과일과 같은 것입니다.

저는 공직생활을 하면서 여러 부처에서 근무한 결과 다방면에 지인이 많습니다. 연말 연하장만 봐도 2000명은 넘지요. 그러나 사람을 많이 안다고 인맥이 형성되는 것은 아닙니다. 양보다 질이 중요합니다.

그러나 여러분 같은 젊은 시절은 질보다 양이 더 필요하다고 봅니다. 많이 만나 사귀고 자기 인맥을 만들어가야 합니다.

인맥을 얻는 방법은 여러 종류가 있습니다.

당연히 혈연, 지연, 학연을 통한 인맥이 가장 큰 역할을 하겠죠? 우리나라 3대 인맥이 해병대, 고려대, 호남 향우회라고 하던가요?

여러분은 이런 데가 중요하지 않습니다. 요즘 온라인을 통한 넷연(Net緣)이 인기죠? 싸이질도 좋고 동호회를 통한 모임도 있을 것이고 가장 좋은 것은 인맥 형성을 위한 넷을 구축하는 것입니다.

여러분은 어떤 모임을 가지고 있나요? 모임에서는 총무나 회장을 해야 제 역할을 다합니다.

그리고 계속 관리를 해야죠. 요즘은 인터넷에 명함관리 기능도 있고 하

다못해 문자메시지도 있어 훨씬 연결이 쉽지요.

인맥은 먼 곳이 아니라 가장 가까운 데 있습니다. 현재 위치에서 여러분을 도와줄 분을 찾아보십시오.

자, 유능한 은사나 선배를 떠올려봅시다. 그분들이 여러분을 인도하여 그들의 인맥에 새롭게 연결해 줄 것입니다. 주위에 프로를 찾아보십시오. 그가 여러분을 최첨단의 인맥에 매치해 줍니다.

타인의 인맥을 그대로 활용하는 것은 얼마나 멋진 일입니까?

고객이 고객을 부르는 '250의 법칙' 이 있습니다. 미국의 자동차 세일즈왕 지라드 (Joe Girard)가 한 말입니다.

'한 사람의 인간관계 범위는 대략 250명 수준이다.
나는 한 사람의 고객을 250명 보기와 같이 한다.
한 사람의 고객을 감동시키면 250명의 고객을 추가로 불러올 수 있다.
반면에 한 사람의 신뢰를 잃으면 250명의 고객을 잃는 것이다. '

얼마나 무서운 말입니까?

악연으로 인하여 얻는 것보다 잃는 것이 더 많은 경우를 여러분은 본 적이 없습니까?

기본적으로는 마음자세입니다.

소니의 전 회장은 간단한 말을 합니다.

'남에게 깊은 인상을 주고, 시간을 철저히 지키고 남을 돈 벌게 하는 것이 인맥이다.'

여러분은 주위 인물의 마음을 알아주고 그들에게서 나보다 나은 점을 찾아내겠다는 마음을 가져야 합니다.

무엇보다 사람 중심이 아닌 자신의 능력을 우선 향상시키는 데 노력을 기울여야 합니다.

그리고 자기의 인맥지도를 그려보거나 스스로 인맥 관리 10계명을 만들어보십시오. 참 재미있습니다.

08 취미는 직업과 다르다

흔히 하고 싶은 일을 하라고 이릅니다. 그러나 하고 싶은 일은 취미일 수도 있고 평생 가져야 할 직업일 수도 있습니다. 여러분은 무엇이 하고 싶었습니까? 지금은 무엇이 좋습니까?

사실 하고 싶은 일도 나이 따라 달라지는 법이죠. 그러니 너무 하고 싶다는 것만 강조할 필요는 없습니다. 오히려 절제를 해야 할 것도 있으니까요.

가장 바람직한 것은 하고 싶은 것을 직업으로 삼는 것입니다. 자유업을 가진다면 적격이죠.

사람은 타고난 성격에 따라 직업을 가질 수도 있습니다. 그러나 성격의 80%는 직업에서 유래한다는 통계를 보면 꼭 그런 것만도 아닙니다. 반대일 수도 있는 것이죠.

투잡(2 jobs)이란 말이 요즘 유행어입니다. 직업도 한 가지 천직을 삼지 않고 몇 군데 옮겨갈 수 있다는 마음가짐도 중요한 때입니다. 세대교체가 워낙 빠르다보니 새로운 패러다임에 적응할 시간도 없이 신종 일감을 찾아야 할지도 모릅니다.

미국과의 FTA도 체결되었으니 외국에 나가서도 구할 수 있는 그런 직업이 좋은 것일 수도 있습니다.

저는 기술직이 아니고 사무직에 종사하다 보니 막상 다른 곳에 근무할 재주가 없습니다. 직장을 잃으면 바로 실업자가 되는 셈입니다.

한때 외국에 나갈까도 생각해 봤는데요, 정작 할 일이 없었습니다. 우리나라 고급 이민자가 나가서 막일이나 하면서 애들 유학시킨다는 말을 들을 때는 남의 일 같지 않았습니다. 거꾸로 우리나라에 온 필리핀 사람들처럼 고급 인텔리가 허드렛일을 하는 현실과 같지요.

그래서 늦게나마 자동차 정비사 자격증이라도 하나 따자며 웃었지요. 이 나이에 그게 어디 쉽나요?

저도 법을 전공했지만 법공부하는 사람들은 참 융통성이 없습니다. 법리나 따지면서 안 된다는 논리만 늘어놓지요. 인간성이 없어 재미가 없는 직업입니다. 이런 분들은 이에 반대되는 예술이나 기술 쪽에 취미를 가지면 더 좋을 것입니다. 아니면 배우자를 그런 쪽에서 구하던지요.

가장 무난한 것은 어떤 직업이든지 예술이나 문학에 안식처를 두는 겁니다. 하긴 한때 문학소녀나 소년이 아닌 분이 있나요?

현대는 전문가 시대이면서도 일반직을 원하는 통합의 시대입니다. 일정 수준 이상으로 올라가면 이런 구분이 없어져버리죠. 왜 톱의 자리에 있는 분은 뭔가 공통점이 있지 않던가요?

간혹 취미가 직업으로 바뀌어 평생을 사는 분도 있습니다. 산이 좋아 산에 살다 약초 전문가가 되기도 하고 낚시가 좋아 바닷가에서 낚시 가게를 열 수도 있습니다. 예전에는 고시 공부하다가 바로 산중 도인이 된 경우도 많았죠.

요즘에는 테니스나 골프를 좋아하다가 이런 대리점을 운영하는 친구도 많답니다.

제가 아는 어느 공무원은 골프를 아주 잘 치셨는데 그는 퇴직 후 자동차 회사 고문으로 가서 골프로 영업 접대를 하는 경우를 봤습니다.

이런 경우는 특별한 케이스입니다.

여러분은 취미와 다른 어떤 직업을 가져도 좋습니다. 보완할 수 있는 취미만 갖추면 됩니다. 나중에 혹시 여러분을 먹여 살릴 취미가 될지도 모릅니다.

09 종교는 믿거나 말거나

3차 세계대전은 미국의 9 · 11테러처럼 아마 종교전쟁이 될 공산이 큽니다. 그에 비해 우리만큼 종교에 관대한 나라도 세상에 없을 것입니다. 100년 된 기독교나 200년 된 카톨릭이 2000년 된 불교를 압도하고 있어도 아무 탈 없는 나라입니다.

역대 대통령이 믿었던 종교도 거의 교대로 되어왔습니다. 그러면서도 점이나 굿같은 전통종교의 텃세가 센 곳이기도 하지요.

그래도 참 예민한 것이 종교입니다. 일상 대화에서 금기시 하는 것 중 하나가 정치와 더불어 바로 종교이기도 합니다. 괜히 싸움만 생기죠.

근래 개신교에서 천주교로 개종한 신도가 많아 이를 심층 분석한 연구가 있었습니다. 그 결과 개종자들은 헌금 강요, 설득하려는 설교, 주입하려는 성경공부, 평신도들의 과도한 자리 욕심에 실망한다고 했습니다.

이에 반해 천주교는 전래 될 때부터 우리 고유의 불교를 의식해서 토속화한 의식이 많습니다. 그래서 모두 편안한가 봅니다.

한편 불교는 사찰이 주로 산속에 있어서 그렇겠지만 일 년에 한 두 번밖에 안 가도 신도로 쳐주는 관대한 종교이기도 합니다.

어떤 면에서 우리나라는 종교의 나라인지도 모릅니다. 통일교는 문선명 교주를 정점으로 하는 세계적 종교이지요. 또 국내에서도 100만 명 규모의 전국적 종교가 몇 개나 번창하고 있지 않습니까?

종교는 믿거나 말거나 누가 상관할 일이 아닙니다. 워낙 사회가 관대하니까요. 그러나 종교도 목적이 있고 유용성이 있기에 수천 년을 내려오는 것이 아닐까요?

신은 인간이 창조한 최고의 지적 발명품입니다.

종교를 믿으십시오. 그러면 마음이 편안해집니다.

아니 믿지 마십시오. 현대 과학에서는 일반적으로 불확실성을 인정하고 있습니다. 그래서 우리는 불확실성과 사는 법을 배워야 하고, 그것에 편안해지는 법을 또 익혀야 합니다. 인생은 흘러간 다음에야 제대로 이해할 수 있겠지만 우리는 미리 내다보며 살려고 노력할 수밖에 없는 것입니다. 그렇게 하려면 불확실성 속으로 걸음을 내딛고, 그 불확실성 속에서 우리 스스로 안정감의 영역을 만드는 수밖에 없습니다.

아침 일찍 성경을 들고 길거리를 거니는 분이나 간혹 산사에서 108배를 드리고 내려오는 분들을 봅니다. 해맑은 영혼을 담은 그들의 얼굴은 맑습니다.

저는 신의 영역을 믿습니다. 영혼이 있고 그 광배가 우리 뒤에서 항상 비추고 있다고 믿습니다. 그러나 아직 종교는 믿지 않습니다. 언젠가는 믿겠지요.

핵가족 사회에서 오늘날 종교는 다른 의미에서 순기능을 하고 있습니다. 여러분은 교회나 성당, 사찰에서 학생부나 청년부에 가입해본 적이 있습니까? 새로운 사람을 사귀는데 종교가 많은 역할을 하고 있습니다. 인맥 관리를 위해 일부러 교회에 가는 분도 많이 있거든요.

한때 서울에는 무슨 교회가 대통령이 다닌다고 해서 꽤 유명했답니다.

지금도 마찬가지입니다.

교회 같은 곳에서는 자식 혼사를 알선해주는 기구도 있거든요. 사실 시골에서는 예전처럼 중매를 못 합니다. 사람이 없으니 아무도 소개할 수가 없는 것이죠. 이런 때 결혼 문제를 종교를 통해 해결하는 것도 좋은 일입니다. 그래서 일부러 물 좋은 곳으로 간다나요?

요즘 이민도 많이 나가는데요, 가장 먼저 마중 나오는 분이 바로 목사님이라고 합니다. 얼마나 좋은 세상입니까?

종교는 믿거나 말거나 누가 상관할 일이 아니니 여러분 맘대로 결정하면 됩니다.

10 대화술

예부터 '말 한마디에 천 냥 빚도 갚는다.' 거나 신언서판(身言書判)이라 하여 말은 중요한 것으로 여겨져 왔습니다. 성경에서도 말씀의 은총을 최고로 알아주고 있죠? 아마 말이 글보다 강조되는 시기는 평화의 시기보다 요즘처럼 어려운 시기가 아닌가 생각됩니다.

기원전 500년을 상상해보십시오. 그리스에는 소크라테스가 대화술을 가르쳤고 중국에서는 공자를 비롯한 제자백가가 큰소리를 치던 시대죠. 지금은 어떻습니까? 말하는 면접이 중시되고 나아가 포퓰리즘이 성행하는 세태 아닌가요?

대화는 단둘이 하는 경우도 있고 여러 사람을 상대하는 강연도 있으며 길게 원고를 읽는 경우와 짧은 스피치로 끝내는 때도 있습니다. 대화를 통해 우리는 자신을 외부에 나타내고 자신의 뜻을 관철시키기도 합니다.

'경청하라.'

대화에서의 기본입니다. 자기 말만 하고 남의 말을 듣지 않을 경우 대화의 목적을 십중팔구 이루지 못합니다. 여러분도 자기 말만 하는 그런 친구를 좋아하지 않지요? 특히 설득을 해야 하는 경우 남의 말을 먼저 경청하는 것이 필수입니다. 다 이유가 있거든요. 자기 뜻만 관철시키려고 하면 상대방도 마찬가지인 것입니다. 평행선을 달리다 끝내는 결렬되는 거죠.

펜실베니아대 데이빗 번스 교수는 말합니다.

'사람들이 진정으로 원하는 것은 자기 말을 들어주고 자기를 존중해 주며, 이해해 주는 것이다. 당신이 자기 말을 이해하고 있다고 느끼는 순간, 사람들은 당신의 견해를 이해하려는 동기를 부여받는다.'

연설을 해야 할 경우도 있죠? 원고를 죽 읽는 경우도 있으나 저는 대개

요지만 쓴 메모를 들고 연설합니다. 훨씬 자연스럽고 부담도 적습니다. 남들 보기에 유식해 보이기도 하고요.

1분 스피치 있지요?

정말 짧은 말로 자기를 표현할 절호의 기회입니다. 카피라이터 같은 기분 아닙니까? 잘 생각해서 촌철살인으로 기 죽이는 일을 벌이십시오. 자자한 명성이 따라올 것입니다.

정치인이나 아나운서의 유창한 말솜씨를 들으면 부럽기도 합니다. 그러나 그분들이 처음부터 다 그런 것은 아니니 실망하지 마십시오. 오히려 어릴 때 말더듬이로 놀림 받고 대성한 분들이 더 많습니다. 링컨을 들먹이지 않더라도 제 고향의 유명한 어떤 분도 그랬습니다. 저도 어릴 때 말을 더듬어 고생했습니다. 지금도 지하철에서 말더듬 교정 광고를 보면 괜히 얼굴이 붉어진답니다.

공자는 말했습니다.

'말이 어눌해야 남이 믿어준다.'

얼마나 멋있는 말입니까? 여러분도 말만 잘하는 사람은 신뢰가 안 가죠?

말을 더 예쁘게 고치는 법이 없을까요? 요즘에는 말도 얼굴처럼 성형을 하던데요.

아마 아나운서처럼 어려운 시험을 앞두고는 충분히 그럴 것입니다.

취업을 위해 면접을 볼 때도 마찬가지일까요?

저는 이렇게 생각합니다. 미리 할 말을 정리하고 또박또박 천천히 말하는 것으로 충분합니다.

결국 노력이 말을 만들고 대화술을 키우는 것입니다.

11 웃음은 행복 바이러스다

웃음은 가장 큰 행복 바이러스입니다. 그렇죠? 오늘도 웃었습니까? 여러분은 항상 웃음보따리를 들고 다니십시오. 스스로가 웃기지 않으면 웃기는 이웃이라도 두고 즐기십시오. 그런 친구가 있으면 최고지만 없으면 키우는 고양이라도 좋고 두툼한 자신의 뱃살이면 어때요. 웃음의 소재로 삼으십시오.

유머와 위트, 농담을 잘 해야 꼭 웃는 건 아닙니다. 다 제 때가 있는 것입니다. 오히려 그냥 실없이 웃는 그런 분이 얼마나 남을 즐겁게 도와주는 일입니까?

'못생겨서 죄송합니다.' 하던 코미디언도 있었고 자칭 못난이라는 황수관 박사도 있었습니다.

우리 조상들도 요즘 말로 유머집인 골계집을 많이 만들었답니다. '오성과 한음' 아시죠? 임진왜란 때 일등공신 이항복과 이덕형이 주인공이랍니다.

수천 년을 핍박받아 온 유대인의 생명력은 그들의 농담인 '호프마' 때문이랍니다. 죽음 앞에서도 웃을 수 있는 그런 지혜 말입니다.

웃으면 복이 옵니다. 그래서 웃음은 생활화해야 합니다. 연습보다 마음이 중요하답니다. 아니면 웃음 대신 성대모사나 마술이라도 좋고 시를 읊거나 노래를 불러도 좋습니다.

저도 사실 웃음이 부족합니다. 어딘가 몰두하고 있으면 입 주둥이가 밴댕이로 변한다고 아내가 놀리곤 합니다. 저도 그런 모습이 싫거든요. 그래서 거울을 보고 웃는 시늉을 가끔 해보긴 해도 그게 하루아침에 되지 않던데요?

그래서 만나는 사람과 농담도 곧잘 하고, 정상적 말투보다 반어법이나

도치법으로 웃기기도 해 커버를 하는 편이죠. 남들이 편안한 인상이라고 하면 그 정도로 만족해야죠?

사실은 빙긋이 웃는 염화시중이 제가 가장 좋아하는 웃음의 표현입니다. 능력이 그것뿐이니까요.

어느 책에서 읽었는데요, 유머를 만드는 방법이라나?

1. 못난이로 자처한다.
2. 되치기를 하여 상대를 제압한다.
3. 불쾌해도 오히려 유쾌한 척 한다.
4. 악질을 만나도 그가 변장한 천사이려니 생각한다.
5. 약간 손해 봐도 상대적인 행복감을 느낀다.
6. 나도 OK고 너도 OK다.
7. 웃음의 절대량을 늘린다.

여러분! 웃음보따리 하나만으로도 이 세상은 살만한 곳입니다. 배를 안고 떼굴떼굴 구르며 박장대소나 파안대소로 웃읍시다. 하하하! 호호호!

행복해서 웃는 것이 아니라 웃어서 행복하답니다.

12 노블레스 오블리주

우리말로 품앗이란 말이 있습니다. 남이 필요할 때 도와주고 내가 필요하면 함께 일하는 것입니다. 두레라고 옛적부터 쓴 말이죠. 보시(布施)라고도 하죠?

기독교에서도 십일조라고 소득의 10%를 떼기도 합니다. 이처럼 사회에 환원하는 것이 바로 노블레스 오블리주입니다. 일종의 봉사죠.

불교에서는 업보와 연관됩니다. 한 대를 이어간다는 말이죠. 논어에서는 '덕은 외롭지 않다(德不孤)' 라고도 하며 '덕의 향기는 만년까지 간다(萬年香)' 는 말도 있습니다. 다 옳은 말이죠.

자본주의에서는 기업이 이윤을 창출하고 그 이윤을 사회에 환원하는 것을 으뜸으로 보고 있습니다. 헨리 포드는 말합니다.

'기업은 이익을 목적으로 하는 것이라고 생각해 왔다. 그러나 이것은 잘못이었다. 기업의 목적은 봉사다. 기업윤리는 숭고한 봉사정신에 기초를 둘 필요가 있다.'

'베풂의 기술[Art df Giving]' 을 쓴 폴 마이어(Paul J Meyer)는 수익의 50%를 기부한다는 원칙을 정한 분입니다. 그는 '나는 어떻게 기억되고 싶은가?' 라는 질문에 대한 대답이 바로 가장 소중한 유산이라고 말합니다.

영화 '아름다운 세상을 위하여[Pay It Forward]' 에서 선생님은 아이들에게 '세상을 변화시킬 아이디어를 생각해 그것을 행동에 옮겨보라.' 고 합니다.

그 주인공이 만드는 '선행의 릴레이' 가 정말 세상을 변화시킵니다.

가난한 자들의 어머니 마더 테레사를 아시죠? 그는 말합니다.

'나는 하느님의 손에 쥐어진 몽당연필일 뿐이다.'

'사람들은 도움이 필요하면서도 공격할지 모른다. 그래도 도와주라.'

더 놀라운 것이 있습니다. 의대생들에게 마더 테레사의 전기를 읽게 한 다음 인체 변화를 조사했더니 그것만으로도 생명 능력이 크게 향상되는 것으로 나타났다는 것입니다.

여러분은 아직 자산을 기부할 만한 위치에 있지 않습니다. 그러나 앞으로 돈을 번다면 어디에다 쓸 것입니까? 누구는 장학재단을 만든다고도 하고 혹은 고아원을 짓겠다고 하겠죠?

다 옳은 말입니다. 그러나 실행이 쉽지는 않습니다. 아니면 왜 애써 번 돈을 남 주느냐고 나무랄 수도 있습니다.

작년에 아시안게임을 한 카타르에는 건설 붐을 타고 외국인 노동자가 50만이나 넘쳤습니다. 전체인구 70만의 7할이나 되었지요. 그들을 위하여 자국인들이 수돗물 꼭지를 담 밖으로 내놓고 맘대로 마시도록 했다고 합니다. 그것도 자선이지요?

저는 지하철을 타면서 앵벌이를 많이 봅니다. '측은지심'은 맹자에서 말하는 인간의 기본입니다. 그런데 조직폭력배의 하수인으로서, 또는 영업으로 하는 앵벌이를 보고 누가 인정으로 돈을 줍니까? 그들에게 이용당하는 마음은 바로 늑대와 양치기 소년의 우화를 떠올리게 합니다.

돈 없이도 보시를 할 수 있는 방법을 알려드릴까요?

어떤 이가 부처님을 찾아왔습니다.

'저는 하는 일 마다 제대로 되는 일이 없으니 무슨 이유입니까?'

'그것은 네가 남에게 베풀지 않았기 때문이니라.'

'저는 아무 것도 가진 것이 없는 빈털터리입니다. 줄 것이 있어야 주지요.'

'그렇지 않느니라. 아무 재산이 없더라도 줄 수 있는 일곱 가지가 있다.'

이것이 부처님의 무재칠시입니다.

1. 얼굴에 화색을 띠고 부드러운 얼굴로 남을 대하는 화안시(和顔施)요.
2. 사랑의 말, 칭찬의 말, 위로의 말, 부드러운 말로 베푸는 언시(言施)요.
3. 마음의 문을 열고 따뜻한 마음을 주는 심시(心施)요.
4. 호의를 담은 눈으로 사람을 보는, 눈으로 베푸는 안시(眼施)요.
5. 남의 짐을 들어준다거나 일을 도우는 것으로, 몸으로 때우는 신시(身施)요,
6. 자리를 내주어 양보하는 좌시(座施)요.
7. 굳이 묻지 않고도 상대의 속을 헤아려서 도와주는 찰시(察施)입니다.

여러분도 바로 따라해 보십시오.

풀

김 수 영

풀이 눕는다.
비를 몰아 오는 동풍에 나부껴
풀은 눕고
드디어 울었다.
날이 흐려서 더 울다가
다시 누웠다.

풀이 눕는다.
바람보다도 더 빨리 눕는다.
바람보다도 더 빨리 울고
바람보다 먼저 일어난다.

날이 흐리고 풀이 눕는다.
발목까지
발밑까지 눕는다.
바람보다 늦게 누워도
바람보다 먼저 일어나고
바람보다 늦게 울어도
바람보다 먼저 웃는다.
날이 흐리고 풀뿌리가 눕는다.

안개 속에서

헤르만 헤세

안개 속을 헤매면 이상하여라
숲이며 돌은 저마다 외로움에 잠기고
나무도 서로가 보이지 않는다
모두가 다 혼자다

나의 인생이 아직 밝던 시절엔
세상은 친구들로 가득했건만
이제는 안개가 내리어
보이는 사람 하나도 없다

어쩔 수 없이 조용히 모든 것에서
사람을 떼어 놓는 그 어둠을
조금도 모르고 사는 사람은
참으로 현명하다 할 수는 없다

안개 속을 헤매면 이상하여라!
인생이란 고독한 것
사람들은 서로 모르고 산다
모두가 혼자다.

푸르른날

서 정 주

눈이 부시게 푸르른 날은
그리운 사람을 그리워하자.

저기 저기 저, 가을 꽃 자리
초록이 지쳐 단풍 드는데

눈이 나리면 어이 하리야,
봄이 또 오면 어이 하리야,

내가 죽고서 네가 산다면!
네가 죽고서 내가 산다면?

눈이 부시게 푸르른 날은
그리운 사람을 그리워하자

별 헤는 밤

윤동주

계절이 지나가는 하늘에는
가을로 가득 차 있습니다.

나는 아무 걱정도 없이
가을 속의 별들을 다 헤일 듯합니다.

가슴 속에 하나 둘 새겨지는 별을
이제 다 못 헤는 것은
쉬이 아침이 오는 까닭이요,
내일 밤이 남은 까닭이요,
아직 나의 청춘이 다하지 않은 까닭입니다.

별 하나에 추억과
별 하나에 사랑과
별 하나에 쓸쓸함과
별 하나에 동경과
별 하나에 시와
별 하나에 어머니, 어머니,

어머님, 나는 별 하나에 아름다운 말 한 마디씩 불러 봅니다.
소학교 때 책상을 같이 했던 아이들의 이름과, 패(佩), 경(鏡),
옥(玉) 이런 이국소녀들의 이름과, 벌써 애기 어머니 된 계집애들의 이름과, 가난한 이웃 사람들의 이름과, 비둘기, 강아지, 토끼, 노새, 노루, 프란시스 잼, 라이너 마리아 릴케, 이런 시인의 이름을 불러 봅니다.

이네들은 너무나 멀리 있습니다.
별이 아슬히 멀듯이

어머님,
그리고 당신은 멀리 북간도에 계십니다.

나는 무엇인지 그리워
이 많은 별빛이 내린 언덕 위에
내 이름자를 써 보고,
흙으로 덮어 버리었습니다.

딴은 밤을 새워 우는 벌레는
부끄러운 이름을 슬퍼하는 까닭입니다.

그러나, 겨울이 지나고 나의 별에도 봄이 오면,
무덤 위에 파란 잔디가 피어나듯이
내 이름자 묻힌 언덕 위에도
자랑처럼 풀이 무성할 게외다.

엄마야 누나야

김 소 월

엄마야 누나야 강변 살자.
뜰에는 반짝이는 금모래빛,
뒷문 밖에는 갈잎의 노래,
엄마야 누나야 강변 살자.

눈 오는 밤에

김 용 호

오누이들의
정다운 얘기에
어느 집 질화로엔
밤알이 토실토실 익겠다.

콩기름 불
실고추처럼 가늘게 피어나던 밤

파묻은 불씨를 헤쳐
잎담배를 피우며

"고놈, 눈동자가 초롱 같애."
내 머리를 쓰다듬어 주시던 할머니,
바깥엔 연방 눈이 내리고
오늘 밤처럼 눈이 내리고

다만 이제 나 홀로
눈을 밟으며 간다.

오우버 자락에
구수한 할머니의 옛얘기를 싸고,
어린 시절의 그 눈을 밟으며 간다.

오누이들의
정다운 얘기에
어느 집 질화로엔
밤알이 토실토실 익겠다.

산 너머 남촌에는

김 동 환

산 너머 남촌에는
누가 살길래,
해마다 봄바람이
남으로 오네.

꽃 피는 사월이면
진달래 향기,
밀 익는 오월이면
보리 내음새.

어느 것 한 가진들
실어 안 오리.
남촌서 남풍 불 제
나는 좋데나.

산 너머 남촌에는
누가 살길래,
저 하늘 저 빛깔이
저리 고울까?

금잔디 넓은 벌엔
호랑나비 떼,

버들밭 실개천엔
종달새 노래.

어느 것 한 가진들
들려 안 오리.
남촌서 남풍 불 제
나는 좋데나.

산너머 남촌에는
배나무 꽃 아래엔
누가 섰다기.

그리운 생각에
영(嶺)에 오르니
구름에 가리어
아니 보이네.

끊였다 이어 오는
가느단 노래,
바람을 타고서
고이 들리네.

산중대작

이 백

둘이 마시는 산에 꽃이 피는데
한잔 한잔 또 한잔하세그려
취해 잠 오니 이만 돌아가서
내일 거문고 안고 다시 오게나

兩人對酌山花開 양인대작산화개
一盃一盃復一盃 일배일배부일배
我醉欲眠君且去 아취욕면군차거
明朝有意抱琴來 명조유의포금래

산 너머 저쪽

칼 부세

산 너머 저쪽 하늘 멀리
모두들 행복이 있다고 말하기에
남을 따라 나 또한 찾아갔건만
눈물 지으며 되돌아 왔네
산 너머 저쪽 하늘 저 멀리
모두들 행복이 있다 말하건만.

이름 없는 여인이 되어

노 천 명

어느 조그만 산골로 들어가
나는 이름 없는 여인이 되고 싶소.
초가 지붕에 박 넝쿨 올리고
삼밭엔 오이랑 호박을 놓고
들장미로 울타리를 엮어
마당엔 하늘을 욕심껏 들여 놓고
밤이면 실컷 별을 안고
부엉이가 우는 밤도 내사 외롭지 않겠소.
기차가 지나가 버리는 마을
놋양푼의 수수엿을 녹여 먹으며
내 좋은 사람과 밤이 늦도록
여우 나는 산골 얘기를 하면
삽살개는 달을 짖고
나는 여왕보다 더 행복하겠소.

내 마음은

김 동 명

내 마음은 호수요,
그대 노 저어 오오.
나는 그대의 흰 그림자를 안고 옥같이
그대의 뱃전에 부서지리다.

내 마음은 촛불이오,
그대 저 문을 닫아 주오.
나는 그대의 비단옷 자락에 떨며, 고요히
최후의 한 방울도 남김 없이 타오리다.

내 마음은 나그네요,
그대 피리를 불어 주오.
나는 달 아래 귀를 기울이며, 호젓이
나는 밤을 새이오리다.

내 마음은 낙엽이오,
잠깐 그대의 뜰에 머무르게 하오.
이제 바람이 일면 나는 또 나그네같이, 외로이
그대를 떠나오리다.

마 음

김 광 섭

나의 마음은 고요한 물결
바람이 불어도 흔들리고
구름이 지나도 그림자 지는 곳

돌을 던지는 사람
고기를 낚는 사람
노래를 부르는 사람

이 물가 외로운 밤이면
별은 고요히 물 위에 나리고
숲은 말없이 잠드느니

행여 백조가 오는 날
이 물가 어지러울까
나는 밤마다 꿈을 덮노라

제4부

세상을 보자

01 지혜의 시대

21세기는 지식의 시대를 넘어 지혜의 시대입니다. 지식의 시대가 이원적이라면 지혜의 시대는 삼원적 세계입니다.

'미네르바의 부엉이는 황혼이 질 무렵에야 비로소 날개를 펴기 시작한다.'

헤겔이 가슴을 펴고 자신 있게 한 말로 미네르바는 지혜란 뜻입니다. 아이러니하게도 이것으로 이성은 종착역에 다다르고 맙니다.

이제 이성에 젖은 세대가 가고 지혜가 활개 치는 포스터모더니즘 세대가 오고 있습니다.

우리는 단순히 남을 도와주는 인간관계를 넘어 지혜의 향기를 세상에 전파하면서 살아가야 합니다.

세상은 어떻게 변화할까요? 예전에는 한 세대를 30년으로 봤습니다. 이제는 3년? 아니면 1년? 여러분 1학년과 3학년 사이에서 세대차를 느끼지 않나요? MP3 유행이 반년마다 바뀌지 않나요?

과연 이런 세대를 어떻게 미리 예측할 수 있을까요? 지혜는 예측을 가능하게 합니다.

제가 공무원을 시작할 즈음 우체국은 한직이었습니다. 아무도 체신부를 원하지 않았습니다. 지금은 그 후신인 정보통신부가 제일 잘 나가는 부처 중 하나입니다. 제 고시 동기가 현재 장관, 차관을 동시에 맡고 있기도 하죠. 30여 년 전엔 누가 예측이나 했겠어요? 다 제 운이지요.

이제는 운으로만 돌릴 수 없습니다. 아니 운으로 돌리고 발 빠르게 변신하면 됩니다.

변화는 미리 알 수도 있지만 자기의 노력으로 변화를 만들어가기도 합니다. 그것이 지혜입니다.

지혜를 얻기 위해서는 400년 이상 된 고전을 읽으라는 이도 있고, 시장 바닥이나 낯선 여행을 통해 얻으라는 분도 있습니다.

가장 중요한 것이 패러다임 변화입니다. 스스로가 변해보십시오.

'솔로몬의 지혜'가 역사상 가장 많이 회자되는 지혜의 얘기일 것입니다. 조금 앞서 생각하고 상대방의 의표를 찌르는 일화가 많지요? 그로부터 천 년 후 '예수님의 지혜'는 어땠습니까?

솔로몬은 사후 나라가 분리되어 망했지만 예수님은 2000년이 지난 지금까지 영원히 왕국을 건설하고 있습니다.

불경이야말로 지혜의 도량입니다. 많은 예화가 우리의 삶을 지혜롭게 만들어줍니다. 논어를 포함한 유교 경전은 그야말로 생활에서의 지혜를 우러르게 하는 고전입니다.

뿐만 아니라 현대에 당장 응용할 수 있는 다른 분의 지혜는 바로 서점에서 볼 수 있습니다. 책 읽는 것이 지혜의 지름길이 되기도 한답니다. 그러나 너무 책이 많아서 힘들다고요? 맞습니다. 무턱대고 고르지 말고 선택하십시오.

임어당은 '생활의 발견'에서 '현실에 꿈과 유머를 더한 것이 지혜다.'라고 했습니다.

루소는 말합니다.

'청년시대는 지혜를 연마하는 시기이며, 노년은 그것을 실천하는 시기이다.'

그러나 현대는 빠릅니다. 여러분은 끊임없이 지혜를 연마하고 곧바로 실천하십시오.

02 외국어와 인터넷

제가 여러분만 할 때도 영어는 필수고, 적어도 다른 외국어 하나는 더 익혀야 한다고 생각했습니다. 지금도 마찬가지죠? 또 현실이 그렇지 않은 것도 한가지죠?

저도 영어 회화에 자신이 없습니다. 일본어, 중국어를 조금 배웠어도 잘 읽지 못하며 불어, 독어도 겨우 알아볼 정도입니다.

무엇보다 그 영어, 원수는 아니죠?

최근 조사한 바에 따르면 지방 대학 출신 구직자들이 취업을 못 하는 가장 큰 이유가 '어학실력 부족 때문'이라고 했습니다. '경력 부족', '일자리 부족'보다 훨씬 높은 비율입니다.

요즘 공무원 시험이 무척 어렵습니다. 저는 영어 성적이 바로 핵심이라고 생각합니다. 그래서 영어를 못하면 바로 시험을 포기하라고 종용할 정도입니다.

영어공부가 어려운 이유는 교육제도 때문이라고도 하나 그런 것은 우리가 알 바 아닙니다. 여러분이 필요로 하는 외국어는 지금부터 하나씩 준비를 해야 합니다.

TOEIC용, 회화용, 객관식 시험용 등 용도를 달리 하여 맞춤형으로 준비해야죠.

제가 용케도 행정고시에 합격했는데요, 순전히 영어 덕분이었습니다. 지금도 그렇지만 1차 네 과목 중 영어에서 대부분 판가름 나거든요.

그런데 저는 영어 문제집이 하나도 없었습니다. 그냥 가서 시험만 봐도 고득점이 나왔습니다. 왜냐고요?

군대 생활할 때 틈나는 대로 영어 사전을 거꾸로 읽고 의미 분류도 해봤

습니다. 그리고 제대하고는 영자신문을 구독했습니다. 처음 2주간이 힘들었지 그 후로는 일반신문보다 읽기가 더 쉽더군요. 그뿐입니다.

제 2외국어도 요즘 직장에서는 꼭 필요한 곳이 많습니다. 여러분에게 필요한 것은 시간과 정성을 투자해서라도 꼭 챙겨야 합니다.

MP3 같은 좋은 공부 도구가 있으니 틈새 시간을 잘 활용하셔야죠.

이제 '제3의 개국' 이라는 한 · 미 FTA시대가 열렸습니다. 제1의 강대국과 10위의 경제대국이 맞장뜨는 상황에서 여러분은 어떤 준비를 해야하나요?

정치인이나 기업가의 일이라고요? 천만에, 바로 여러분 몫입니다.

인크루트가 제시한 한미 FTA취업 5계명을 보실까요?

1. 직무전문성을 높여라.
2. 국제적인 감각을 키워라.
3. 해외 취업을 노려라.
4. 해외 지역 전문가가 유리하다.
5. 전략적인 진로 선택을 하라.

이에 따라 유망직업군으로 국제협상전문가, 마케터, 해외영업전문가 등이 떠오른답니다.

여러분도 한 번 도전해 보시죠!

제 4의 문명을 이끌 인터넷의 중요성은 말할 필요도 없을 것입니다. 맥루한은 이를 핫 미디어(hot media)로 규정하고 그 자체가 바로 메시지라고 했습니다.

여러분이 '검색' 하는 모든 일이 바로 이 메시지입니다.

여러분도 이미 리포트 쓸 때 많이 활용하고 있죠? 어떤 교수님은 남의 글을 베끼는 것을 방지하기 위해 리포트를 자필로 쓸 것을 요구한다던데 웃기죠?

이제 인터넷 활용이 바로 생활이고 지혜입니다.

저는 글 쓸 때 애매한 부분은 바로 인터넷에 접속하여 해답을 찾습니다. 예전처럼 원고에 쓰는 글이 아니라 컴퓨터 앞에 앉아야 글을 쓸 수 있습니다.

그런데도 저는 아직 컴맹입니다. 새로운 버전을 잘 사용하지 못합니다. 너무 빠르게 변화하는 속도도 문제지만 또한 그것을 다 알 필요도 없기 때문입니다. 그러나 여러분은 다릅니다. 남보다 먼저 아는 것이 힘이고 지혜입니다.

몇 년 지나지 않아 문자인식프로그램이 모든 컴퓨터에 깔릴 겁니다. 그럼 이 세상 모든 지식을 한눈에 다 볼 수 있는 것이죠. 준비하십시오.

여기에도 영어가 얼마나 중요한지 알 것입니다. 영어 검색을 시도해보셨나요, 여러분은?

주막에서

김 용 호

어디든 멀찌감치 통한다는
길 옆
주막

그
수없이 입술이 닿은
이빠진 낡은 사발에
나도 입술을 댄다.
흡사
정처럼 옮아오는
막걸리 맛

여기
대대로 슬픈 노정이 집산하고
알맞은 자리, 저만치
위엄 있는 송덕비 위로
맵고도 쓴 시간이 흘러가고……

세월이여!
소금보다 짜다는
인생을 안주하여
주막을 나서면,

노을 비낀 길은
가없이 길고 가늘더라만,

내 입술이 닿은 그런 사발에
누가 또한 닿으랴
이런 무렵에.

03 한 번은 외국에 나간다

귀한 자식일수록 여행을 보내라는 속담이 있습니다. 아주 어릴 때부터 어학연수 한답시고 외국 유학을 보내는 분도 있습니다만 그냥 나다니는 배낭여행도 좋을 것입니다. 방학 때 배낭 메고 떠나는 여러분 모습은 참 보기 좋습니다.

일본에서는 재수가 일반적이라 고교가 4년 걸리듯이 우리도 어느 때부터인지 어학연수 1년을 보태 대학이 5년으로 되었다지요?

아니면 교환 학생으로 가는 경우도 있고 실습 차 해외에 다녀오는 케이스도 있지요?

어쨌든 한번 다녀오십시오. 뭔가 느끼고 배우며, 적어도 외국인에 대한 두려움이라도 없앨 수 있다면 무척 큰 도움이 될 것입니다.

하긴 신혼여행도 이제는 대부분 제주도 대신 외국에 나가던걸요.

아쉽게도 최근 조기유학의 99%는 썩 좋은 결과가 아니라는 보고가 있었습니다. 기러기 아빠 등 사회문제도 컸었죠.

무엇보다 뿌리를 잊어버려 무엇이 주가 되고 종이 되는지 알 수 없는 정체성이 큰일이죠. 그네들의 국어, 수학 성적이 바닥인 것만 봐도 알 수 있는 거랍니다.

세계는 글로벌입니다. 여러분이 앞으로 100년을 산다고 보면 우리가 부딪히는 것은 전 세계를 상대로 하는 일입니다. 직업 선택이나 제품 아이템을 놓고도 여러분은 눈을 멀리 던져야 합니다.

세계 7대 불가사의를 아시죠? 우리와 다른 문화와 역사를 바라볼 때 간혹 여러분이 반만년 민족에 안주하여 우물 안 개구리가 되어서는 안 된다는 것을 알아야합니다. 유럽인들을 거인처럼 보지도 말고 아프리카인을 원숭

이마냥 생각지도 말며 일본인을 원수인양 고정관념을 갖지 말라는 것입니다.

여러분은 배우는 분들이고 평생 상대방을 인간으로 생각하며 대우해야 하는 인간관계의 황금률을 깨우쳐야 합니다.

패러다임이 정말 새로워질 것입니다.

예전에는 배타는 마도로스가 인기 있는 직업이었습니다. 수산대학을 나와 한 밑천 잡은 선배들도 많았지요. 비행기 타는 스튜어디스도 좋았고요.

아쉽게도 제가 맡았던 공직은 외국에 나갈 기회가 거의 없었습니다. 일년쯤 호주에 나갔다 왔으나 그 후 영어를 쓰지 못했습니다. 그 후 견학차 두세 차례 외국을 다녀온 것이 전부입니다.

여러분이 직장을 고를 때도 그런 것을 염두에 두십시오. 외국계 회사는 봉급이 후한 곳도 많고 또 파견 근무를 하는 경우 국내 봉급은 그대로 저축되는 이점도 있습니다. 글로벌 시대에는 외국어 잘 하는 것만으로도 실력을 인정받는 때입니다.

반대로 국내 기업에 들어가서 해외에서 근무하는 경우도 많습니다.

그 전에 여러분은 한 번은 해외에 나가 취업에 유리한 고지를 먼저 차지하십시오.

04 기초를 다진다

사상누각이란 말이 있죠? 기초가 없이 덕지덕지 수험공부만 하다보면 언제나 시험이 두렵지요? 사회생활도 마찬가지입니다.

인성, 건강은 말할 것도 없고 대인관계, 직장에서도 기본바탕이 없으면 곧 들통나게 마련입니다. 까마귀가 색칠한다고 까치가 되는 건 아니니까요.

'내가 정말 알아야 할 모든 것은 유치원에서 배웠다' 라는 책이 있습니다. 저는 유치원을 못 나와 아내에게 마냥 구박 받습니다. 칠칠치 못하다고요.

사실 기본원리를 알면 다 될 것 같은데도 어디 매사가 깔끔할 수 있나요?

그러나 '세 살 버릇이 여든 간다.' 는 속담처럼 어릴 때의 생활습관은 평생을 좌우하는 것이 많습니다.

가정교육도 그렇죠. 말이 가정교육이지 누가 하나하나 일러줍니까? 집안에서 보고 배우는 그 자체가 교육인 것입니다. 가풍이라고도 할 수 있겠죠?

저는 시간을 잘 지키지 않는 사람을 싫어합니다. 약속은 모든 일의 바탕이 됩니다. 그리고 그만큼 다른 분의 시간을 앗아가는 것이기도 하고요. 저 같은 사람이 세상에 많다는 것을 여러분은 아십시오. 또 압니까, 연인이 이런 것으로 인해 토라질지?

오히려 한 5분 정도 먼저 기다려주는 것이 예의 아닐까요? 어떤 분은 시계를 언제나 5분 앞당겨 놓는다고도 들었습니다.

요즘 자동차를 많이 타시죠? 교통법규는 자기와 남을 지키는 기본입니다. 요즘 방향등을 켜지 않고 끼어드는 차를 부쩍 많이 봅니다. 아주 기초적인 일이죠. 이런 것이 바로 우리 사회의 바로미터가 됩니다.

저는 최소한 여러분이 약속시간을 꼭 지키고 자동차 법규를 잘 준수하기만 해도 인생의 기초를 반은 닦은 것이라고 확신합니다.

'한 번 배신한 자는 반드시 배신한다.' 라는 말이 있습니다. 그것은 그의 기본 인성이 나쁘기 때문에, 그 행동에 신뢰가 가지 않기 때문입니다.

인간관계에서 기본매너도 중요합니다. 어느 분은 면접 전날 과음을 하고 구두를 닦지 않고 나간 결과 떨어졌다고 하더군요. 당연하죠?

기본이 반듯하면 활용하기는 쉽습니다. 출세할 가능성이 많죠.

얼마 전 '라디오 스타' 란 영화가 있었습니다. 숱한 오빠부대를 몰고 다니며 돈도 많이 벌었던 왕년의 스타도 시들면 불쌍해 보입니다. 그가 지방에서 옛 끼를 발휘하며 영광을 되찾습니다.

한류스타 배용준도 거듭하는 변신이 없었다면 '겨울연가' 에서 끝났을 겁니다. 그는 스타로서 자신의 이미지를 치밀하게 관리하여 그의 가치를 계속 높이고 있습니다.

기본이 있을 때 변용이 가능한 것입니다.

'될성부른 나무는 떡잎부터 알아본다.' 고 합니다.

저는 테니스를 친 지 꽤 됐습니다. 처음 배울 때 기초가 어느 정도 되었는지 남에게 손가락질 받지는 않습니다. 그런데 골프는 혼자 익혀서 기초가 영 없습니다. 느는 데 한계가 있어 재미가 없죠.

'순간의 선택이 평생을 좌우한다.' 는 광고 카피처럼 우리는 기초를 등한시하면 안 됩니다.

여러분은 인생의 기초를 잘 닦고 있습니까? 능력을 보여줄 자세가 되어 있습니까?

05 단순하게 살라

현대는 복잡하면서도 불확실성 속에 놓여있습니다. 그러니 여러분도 정말 골치 아프죠?

뭘 해라, 무엇을 가져라, 쉼 없이 움직여라! 끝이 없습니다.

그러나 여러분은 모든 것을 단순하게 만들어야 합니다.

'오컴의 면도날' 이란 말이 있습니다. '가정은 간단한 게 좋은 것이다.' 라는 뜻입니다. 중세 교회에 대립하여 유명론을 제창한 분의 이론이죠.

만물이 복잡하기는 하나, 독일의 하이젠베르크가 불확정성이론으로 노벨상까지 받는 세상입니다. 매사를 단순하게 만들 수 있다는 이론이죠.

물리적으로 만물은 파동이라고 하는 것이 요즘은 일반적입니다. 시간, 공간 모든 것이 파동으로 밀려간다는 것이죠. 주위에 따뜻한 사람이 있으면 그 파동이 바로 미칩니다.

이웃을 잘 만나야죠. 몇 년 전 대구지하철 참사처럼 이상한 사람 옆에 있다가는 수백 명이 영락없이 함께 저승에 가지 않습니까?

그렇다고 주위를 너무 의식하지 마십시오. 단순하게 좋은 사람들과 어울리면 됩니다.

볼링에서 1번 킹핀을 쓰러뜨리듯이 말입니다.

선악 등 이분법만으로는 세상이 만만치가 않습니다. 3분법, 5분법은 어떨까요?

3분법은 솥처럼 안정적이고 5분법은 별처럼 아름답지요.

리더들은 이런 걸 잘 활용합니다. 새벽을 활용하여 아침, 낮, 밤을 보완하여 하루를 4등분하기도 하고 할 일을 당장 할 것, 나중에 할 것, 도움을 청할 것, 버릴 것 등으로 나눠 바로 처리하기도 하죠.

가장 단순하기로는 바로 잊어버리는 것입니다. 여러분은 기억을 못하고 잊어버리는 것을 안타까워하죠? 저는 기억력이 모자라서 그런지 외우기보다는 잊어버리기를 좋아합니다. 공부할 때도 시험기간까지만 외우고 그 후는 잊어버리는 시한부 기억을 하기도 했죠.

이런 말이 있습니다.

'아마추어는 일을 복잡하게 만들고 프로는 일을 단순하게 만든다.'

꼭 요즘 정치같지 않습니까? 가능하면 만사를 단순하게 만드십시오.

공산주의 실험은 20세기 초에 시작하여 20세기 말에 이미 끝난 것입니다. 러시아를 보십시오. 마르크스는 자본주의가 무르녹은 후에 사회주의가 자연히 온다고 했습니다. 그런데 자본주의가 다 익기 전 레닌이 러시아에 혁명으로 도입한 것이 바로 공산주의입니다.

그런데 다 끝난 공산주의를 가지고 지금도 노닥거리는 우리 사회를 보면 웃음이 절로 납니다.

세상을 단순하게 만들어 보십시오. 지나온 과거가 가려지고 앞으로 펼칠 미래가 훤히 보입니다.

서비스 부문에서 말콤 브리지 상을 수상한 페덱스 회사에는 1 : 10 : 100 법칙이 있습니다.

'불량이 생길 경우 즉각적으로 고치는 데에는 1의 원가가 들지만,
책임소재나 문책 등의 이유로 이를 숨기면 10의 원가가 들며,
이것이 고객 손에 들어가 클레임 되면 100의 원가가 든다.'

얼마나 단순한 논리입니까?

단순한 말은 웅변이 되고 단순한 글은 시가 되며 단순한 생각은 명쾌하게 세상을 봅니다.

여러분이 이제 말도, 글도, 생각도 단순하게 하면 먼 미래를 보는 지혜를 얻게 된답니다.

06 문화와 예술 살피기

인간은 생명체 중에서 유일하게 말을 하고 글을 씁니다. 이것이 바로 문화와 예술인데도 사람들은 곧잘 그 중요성을 잊어버립니다. 그런 직업을 가진 이 말고는 남의 일처럼 넘어가는 게 일반적이고 꼭 무슨 거지 동냥하듯이 그들을 취급합니다. 물론 요사이 한참 뜨는 연예인이나 스타를 말하는 것은 아니고 오히려 묵묵히 순수예술을 하는 이를 말입니다.

여러분이 인생의 폭을 넓히려면 이런 문화예술을 접해야 합니다.

짐 데이토 세계 미래학회 회장은 말합니다.

'최근 20년간 이성적인 과학이 중요했지만 미래에는 감성적인 상상력에 기반을 둔 창조적 산물들이 세상을 움직일 것이다. 상상력, 창조, 감성의 의미를 깨닫는 기업은 살아남을 것이고 그렇지 못한 기업은 도태될 것이다.'

파괴론자 죠셉 슘페터도 100년 전에 이미 말했습니다.

'이윤은 창조적 파괴행위를 성공적으로 이끈 기업가에 대한 정당한 대가다.'

저는 오페라 공연을 보면 곧잘 잡니다. 이태리 말을 알아들을 수도 없고 줄거리도 감동이 안 되거든요. 아마 제가 시골 출신이라 촌스러워서 그럴 것입니다.

다만 그림이나 글씨 쓰는 분을 보면 아주 살갑게 대합니다. 어려운 곳에서 하루아침에 이루어지지 않는 창조 작업을 하는 분이야말로 우리 문화예술의 기둥입니다.

문화예술을 하시는 분은 보이지 않게 이 사회를 윤택하게 하는 윤활유 역할을 합니다. 그들은 한 인생의 모든 것이 용해되어 있는 창작을 합니다.

그들이 없다고 생각해 보십시오. 얼마나 삭막하고 공허한 세상이 되겠습

니까?

저는 진주에서 봉직하고 있습니다. 진주는 그야말로 문화예술의 고장입니다. 현대인에게 살기 좋다는 고장은 바로 이러한 곳이 아닐까 생각합니다.

저도 그래서 세 권짜리 '단원 김홍도 환생이 새 전설' 을 거침없이 썼는지도 모릅니다.

태권도를 해본 적이 있으셔요? 세계화가 되면서 저는 여러분에게 태권도를 권해보고 싶거든요. 가장 한국적인 거고 또 유용한 일도 많지요. 우선 신체도 단련하고 올림픽 메달도 딸 수 있고 군대 가는 대신 사범으로 해외협력단에 나갈 수도 있고요.

혹 아직 군대 안 가신 분들은 미리 기초를 익혀놓으면 군 생활 동안 고단자가 되어 나올 수도 있다니까요.

아니면 여러분은 탈춤이라도 익혀 우리 문화에 익숙해지는 게 좋겠습니다. 탈춤이야말로 해학의 진수입니다.

한류가 뜨면서 우리 문화가 세계에 많이 알려졌습니다. 우리의 산업디자인이 세계일류가 되어 해외로 나가는 여러분을 보면 뿌듯합니다.

이제 모든 상품이 디자인화하니 예술적인 감각을 가진 분야가 넓어졌습니다.

지금 가장 부가가치가 높은 상품이 바로 이런 종류입니다.

저는 청자 비취색 자동차를 보면서 저런 게 바로 우리의 가치라고 흐뭇해 합니다.

문화예술은 인간으로서의 삶과 함께 직업으로서의 가치도 높답니다. 여러분은 어떤 문화가치를 원하십니까?

간혹 TV의 '진품명품' 이라도 보면서 옛 조상들의 향취를 맛보십시오.

여러분은 탈춤이나 그림, 붓글씨 등의 동아리를 가진 적도 있지요? 좋습니다. 문화예술은 인간관계에도 도움을 주고요, 자칫 삭막해지기 쉬운 세태에 활력을 줄 것입니다.

07 연출을 보이라

세상에는 내용도 좋지만 형식을 보는 경우가 많습니다. 형식이 오히려 내용을 결정하는 것이지요. 입사면접을 보신 적이 있나요? 괜히 떨리기도 하고 혹시나 얼굴이 굳어지지는 않았나 걱정이 많았지요?

인간사에는 연출이 필요할 때가 많습니다. 유비가 제갈량을 모시고자 삼고초려한 것도 다 제갈량의 연출이라는 말이 있지요?

여러분의 탤런트도 보이는 것이 중요하답니다. 일본의 심리학자 나이토 요시히토는 말합니다.

'머리가 좋고 나쁨은 당신이 세상을 살아가는데 중요하지 않다. 당신에 대한 평가는 머리가 얼마나 명석해 보이고, 우수해 보이는지에 따라 결정된다.'

여러분이 논문을 제출할 때도 논지를 연출하여 교수님의 눈에 잘 띄게 하지요?

하다못해 생일 선물을 보내도 잘 포장하지 않습니까?

인생이 연극이라고 하듯이 세상사는 다 연출이라고 봅시다.

연출이라 하더라도 진실이 담겨있어야 함은 당연한 일입니다. 알맹이 없는 연출이야말로 거짓의 전형이니까요. 그리고 성의가 실려 있어야 상대가 감동을 합니다.

저는 조직의 장으로서 간혹 조직원을 호되게 나무랄 때가 있습니다. 구체적인 잘못을 하나하나 지적하고 질책합니다. 이것도 하나의 연출입니다. 겨울에 삼한사온이 있듯 이런 것도 조직을 다스리는 한 방안인 것입니다.

여러분도 부모님이나 선생님께 꾸중을 듣고 울적한 적이 있었지요? 특히 사소한 일을 가지고 나무라시면 아주 질색이었을 것입니다. 연출의 피해자라고나 할까요?

성형수술이 요즘 일반화되었다고 합니다. 여자탤런트는 다 똑 같이 생겼죠? 하긴 남자들도 좋은 인상을 보여주기 위하여 한다고 합니다. 입사 면접 보기 위해서도 성형은 보통이고요.

일본에서는 성형 하러 우리나라에 오고 우리는 중국에 간다죠?

저는 다 괜찮다고 봅니다. 예쁘게 보여 나쁠 것은 없잖아요?

여러분은 결혼식이나 장례식에도 가죠? 혹시 장례식에 가실 때 조직폭력배처럼 정말 깨끗한 상복을 갖추고 한번 가보십시오. 예컨대 까만 양복과 넥타이를 매고 말입니다. 당신을 보는 사람들의 눈이 확연히 달라질 것입니다.

애플의 아이팟은 세 가지 특징이 있다고 합니다. 첫째 작다는 것, 다음은 얇다는 것, 마지막으로 5GB의 대형 하드 드라이브가 들어 있어 1000곡의 노래를 저장할 수 있는 이른바 초소형, 초박형, 대용량 제품이라는 것입니다.

그러나 아이팟이 성공한 것은 이 세 가지 특징 때문이 아니라 처음부터 남다른 디자인 때문입니다. 애플은 원래 간결하고 깔끔한 디자인으로 유명합니다. 당시 애플이 내놓은 광고 카피는 '인생은 셔플이다.' 였습니다.

인생은 그럴지 몰라도 제품이 그렇다는 것은 결코 자랑할 만한 것이 아닙니다. 그래도 사람들은 아이팟 셔플을 자랑스럽게 달고 다녔습니다. 그것은 제품이 아니라 패션이고 문화코드였기 때문이죠.

애플이 금년에는 '아이폰' 을 만들어 핸드폰 시장을 휩쓸겠다고 하니 그 디자인이 더욱 궁금해집니다.

능력에도 연출이 필요합니다. 자격증을 준비하여 고스펙을 만드는 것도 다 자기 연출이죠.

여러분 중에 '퀴즈 대한민국' 에 나가고 싶은 분이 계신가요? 저도 나가고 싶은 프로이거든요.

저는 그것이 연출 중 가장 멋있는 부분이 아닐까 생각합니다. 영웅이 안되어도 좋으니 퀴즈 대한민국에서 우리 한번 만납시다.

08 자격증 세 개는 갖자

여러분은 자격증이 몇 개나 있나요? 저 말입니까? 달랑 운전면허증 하나뿐입니다.

아니 그 흔한 한자검증, 정보기사 자격증 하나 없다고 나무라시겠죠? 그렇습니다. 다 제가 게으른 탓입니다.

그러나 여러분은 자기 능력을 연출할 자격증을 따십시오.

TOEIC 800점, 정보처리기사는 기본이고 특출한 자격증 한 두 개는 더 있어야 취업을 위한 고스펙 아닌가요?

9급, 7급 공무원 시험 볼 때는 가산점을 위해서도 필수적인 항목이 또 있지요?

저는 여러분에게 '특허'를 권하고 싶습니다. 바로 돈이 되는 비결입니다. 여러분은 한창 머리가 잘 돌아갈 때입니다. 주변에 특허 낼만한 일들이 널려 있습니다.

양 떼를 가두기 위한 철조망이나 구르지 못하게 하는 육각 연필만 발명품이 아닙니다.

'필요는 발명의 어머니'란 말도 있죠? 조그만 편의를 위한 인간적인 것이 바로 발명입니다.

언젠가 텔레비전에서 일본 아주머니의 얘기를 들었습니다.

'실내화 뒤꿈치를 올려 다이어트 하는 신발을 만들었습니다. 전 세계에 특허를 내어 일 년에 300억을 벌어들이는…….'

놀랍지 않습니까?

제 건강비법 중 하나는 '뒤꿈치 서기'입니다. 저는 지하철이나 버스에서 앉지 않고 뒤꿈치를 들며 서곤 합니다. 소변 볼 때도 마찬가지입니다. 건강

에 크게 도움이 된다고 저는 믿고 있습니다.

그런데 이런 것을 가지고 다른 이가 떼돈을 벌다니? 저는 약이 오릅니다.

'준비된 대통령' 이라는 연출로 성공한 분이 있습니다. 물론 결과는 전혀 달랐습니다. 그러나 한 가지는 맞습니다.

'준비된 자만이 가진다.' 는 사실 말입니다. 사람들은 준비된 자를 기다리고 있습니다. 여러분이 특허나 자격증을 가지고 도전한다면 기업에서 여러분을 우선적으로 반길 것입니다.

아참, 저는 노래방에 나와 있는 노래 '꽃피는 진주성' 의 작사가로서 매달 돈을 받고 있습니다. 얼마 안 되지만 사후 50년, 아니 FTA덕분에 70년이나 보장되는 것입니다. 이것은 아무 것도 아니죠. 태진아 같은 분은 아마 한 달에 1천여만 원은 더 받고 있을 겁니다.

틈새시장으로 새로 나오는 자격증도 많습니다. 여러분은 시간 나는 대로 어차피 하는 공부에 조금 더 채찍을 가해 자격증에 도전하십시오.

한때 공무원들이나 동네아주머니까지 가세한 열풍이 '공인중개사' 시험이었습니다. 제 친구도 그 때 합격하여 퇴직 후 직업으로 자리 잡았습니다. 어떤 이는 아내가 합격하여 덩달아 가게를 열었죠.

그런데 지금은 아주 어려운 시험이 되어버려 그 공부도 힘들 겁니다. 수험서 만드는 회사만 돈 벌게 되겠지요.

이제 여러분은 일상생활에서 나오는 아이디어를 가꾸어 돈 되는 특허를 만드십시오.

지금 대통령께서도 예전에 누워서 읽을 수 있는 책받침이나 가루 없이

닦는 칠판을 연구했다지요? 그런 것들이 이제 다 특허가 되어버렸습니다.

제가 특별한 아이디어를 하나 드릴까요? 저는 이런 안경을 만들고 싶은데요. 극장이나 버스에서 좌석에 따라 스크린이나 텔레비전 화면이 잘 안 맞지요? 자동으로 조절되는 안경이 없을까요? 도전해보십시오.

여러분이 이런 아이디어로 특허를 낸다면 올림픽 메달 연금보다 더 나은 수익을 얻을 수 있습니다. 뿐만 아니라 그런 사업이나 취업도 가능하겠지요?

최소한 자격증 세 개는 가지십시오.

밤

김 동 명

밤은
푸른 안개에 싸인 호수,
나는
잠의 쪽배를 타고 꿈을 낚는 어부이다.

09 사소한 것과 중요한 것

내일이 시험인데 저녁에 갑자기 친구가 찾아와 술 한잔 하잡니다. 여러분은 이런 경우 어떻게 하겠습니까? 세상일에는 경중이 있는데도 불구하고 정리로 그냥 넘어가는 일이 허다합니다.

코비가 중요한 것을 큰 돌로 보고 사소한 것을 작은 모래로 나눠 예로 든 것이 있습니다.

'항아리에 모래를 먼저 넣고 돌을 넣으면 다 들어가지 않습니다. 거꾸로 돌을 먼저 넣고 모래를 부으면 다 들어갑니다.'

아주 적절한 예입니다. 인간의 능력에는 한계가 있습니다. 다 잘 할 수는 없습니다. 하느님은 아주 공평하답니다. 여러분들은 위의 경우 뭘 먼저 하시겠습니까?

친구는 양해를 구할 수 있는 사람이고 시험은 미룰 수 없는 중요한 것이죠?

간혹 명분에 집착하여 실리를 놓치는 경우가 많습니다. 외국과의 협상에서 우리가 항상 당하는 그런 예입니다. 남북 핵문제나 FTA 협상에서는 우리가 어떻습니까?

한신의 고사를 아시죠? 한신이 벼슬도 없이 빌빌거릴 때 동네 주먹들이 가랑이 밑으로 기어가라고 하지요. 한신은 잠시 머뭇거리다 기어갑니다. 나중에 대원수가 된 한신이 그 주먹들을 어떻게 했을까요? 나무라지 않고 술로 대접하며 오히려 고마워 합니다.

사실 중요한 것인지 아닌지는 구별하기가 참 어렵습니다. 누구나 욕심이 있기 마련이고 욕심은 유혹을 부릅니다. 그렇지 않으면 사람이 아니죠.

성철 스님도 음식욕심, 여자욕심, 그리고 가장 큰 병으로 이름욕심을 들

었습니다. 여러분처럼 한창 젊은 나이에는 더욱 이런 욕심에서 헤어나기가 쉽지 않습니다.

그래서 수양이 필요한 거지요. 예컨대 남을 먼저 생각하라든지 베풀라한다든지 느림을 보라든지 말하지요.

인간에게 기회는 자주 오지 않습니다. 어떤 것은 순간적인 판단 즉 블링크(blink)로 결정되는 것도 많습니다. 단순한 직감 이상의 가치이죠. 그럴 때 무엇이 중요한지 얼른 판단이 서야합니다.

옛 그림 중에 '바둑 두는 그림' 이 있습니다. 공자의 뜻은, 노니 바둑이나 둬서 수양을 하라는 의미였습니다. 노니 염불한다고 여러분들은 혹시 이런 잡기에 온통 시간을 빼앗기는, 킬링타임이 없었는지요?

저도 한때는 이런 일에 솔깃했었습니다. 어느 때부터인지 저는 손을 끊었습니다. 지금은 일 년에 한두 번 정도 바둑을 두고 있을 뿐입니다. 포커나 고스톱도 안 한 지 꽤 됩니다.

'바다이야기' 게임에 몰입했던 많은 분들도 이러한 일에서 벗어나기가 힘들었던 것입니다.

사소한 것을 과감하게 몰아내고 중요한 것에 올인 하는 모습이 젊음이요, 꿈이고 열정입니다.

절제할 수 있는 의지와 시간을 관리하는 지혜가 필요합니다. 여러분은 정말 중요한 것 몇 개를 골라 매진하십시오. 젊음은 다시 오지 않는 귀중한 보배입니다. 그 순간은 영원이기도 하나 찰나이기도 합니다. 지혜롭게 선택하십시오.

10 공부의 기술, 시험의 기술

'공부에는 왕도가 없다.'

항상 듣는 말입니다. 아니 왕도가 있다고 우기는 책도 있습니다.

왕도가 있든 없든 여러분은 공부를 해야 하는 숙명입니다. 공부는 종국에는 시험을 위한 길입니다. 시험이 없다면 그렇게 열심히 공부를 안 해도 되겠죠, 안 그런가요?

공부에 왕도는 없어도 최소한 기술은 있습니다.

일이관지. 줄이면 일관(一貫)이죠. 제가 좋아하는 논어 요체입니다. 모든 일의 알파요, 오메가입니다.

어떤 과목이라도 일관되게 흐르는 논지가 있습니다. 일부러 찾지 않더라도 저자의 인사말이나 책머리에 다 쓰여 있죠. 모든 것을 거기에 한번 매달아보세요. 80%는 익힌 것입니다.

고시 공부할 때는 단계가 있습니다. 처음에는 너무 몰라 못쓰다가 다음에는 너무 쓸 것이 많아집니다. 나중에 적당히 줄일 수 있을 때가 수준이 오른 단계입니다.

물론 암기력이 좋으면 최고입니다. 반면 암기력 대신 논리력이 부족할 수도 있으니 꼭 좋다고만 할 수 없습니다. 오히려 평소 능력을 십이분 발휘할 수 있는 배짱이 더 필요할지도 모릅니다. 평소의 8할밖에 쓰지 못한다면 그는 팔푼인가요? 그런 경우가 너무 많죠?

또 시험관 입장에서 문제를 내보고 채점해보는 것도 큰 도움이 됩니다. 시험관이라면 더 객관적이고 공평하며 더욱 책임이 있는 법이니까요.

평소 공부를 하실 때 내가 시험관이라면 무엇을 낼 것인지 상상하며 읽어 보십시오. 낼 문제가 생각보다 많지 않습니다.

저는 경찰대학에 근무할 때 순경이나 간부후보생 시험문제를 출제해 봤습니다. 어느 범위에서 어떤 식으로 문제가 나갈지 한 눈에 보이는 것이었습니다.

모든 시험에는 중독이 있습니다. '이번엔 안타깝게 떨어졌지만 다음에는 꼭 붙겠지.' 하고 기대합니다. 한 우물 파기가 안전하기도 하니 끝까지 그 시험에 매진하게 됩니다.

취직시험에도 대기업 입사를 위해 고스펙 보충에 열을 올리게 됩니다. 스펙은 토익, 학점, 교외 수상경력, 어학연수 등의 개인 경력들이 모두 포함됩니다.

그러나 여러분의 노력만큼 과연 보상이 되던가요?

한번쯤 제삼자의 컨설팅이 필요합니다. 요즘처럼 9급이나 경찰관 시험이 100대 1이 넘는 시대에는 다시 생각해봐야 합니다.

차라리 고등고시나 사법시험이 더 낫지 않을까요? 실력자끼리 경쟁은 기껏 3대 1을 넘지 않습니다. 그리고 합격이 안 돼도 아래급 시험은 쉬울 것이니까요.

마침 고시에 지방대 출신을 20% 채우는 계획을 금년부터 5년간 한시적으로나마 실시한다니 얼마나 다행입니까?

시험종류가 결정되었다면 자신(自信)이 무엇보다 가장 중요합니다. 시험의 비결은 반드시 합격한다는 자신, 오직 자신입니다!

향 수

정 지 용

넓은 벌 동쪽 끝으로
옛이야기 지즐대는 실개천이 휘돌아 나가고,
얼룩백이 황소가
해설피 금빛 게으른 울음을 우는 곳.

–그곳이 참하 꿈엔들 잊힐리야.

질화로에 재가 식어지면,
비인 밭에 밤바람 소리 말을 달리고,
엷은 졸음에 겨운 늙으신 아버지가
짚베개를 돋워 고이시는 곳.

–그곳이 참하 꿈엔들 잊힐리야.

흙에서 자란 내 마음
파아란 하늘빛이 그리워
함부로 쏜 화살을 찾으려
풀섶 이슬에 함초롬 휘적시던 곳.

–그곳이 참하 꿈엔들 잊힐리야.

전설 바다에 춤추는 밤물결 같은
검은 귀밑머리 날리는 어린 누이와
아무렇지도 않고 예쁠 것도 없는,
사철 발벗은 아내가
따가운 햇살을 등에 지고 이삭 줍던 곳.

–그곳이 참하 꿈엔들 잊힐리야.

하늘에는 성긴 별
알 수도 없는 모래성으로 발을 옮기고,
서리까마귀 우지짖고 지나가는 초라한 지붕,
흐릿한 불빛에 돌아앉아 도란도란거리는 곳.

–그곳이 참하 꿈엔들 잊힐리야.

나그네

박 목 월

강나루 건너서
밀밭 길을

구름에 달 가듯이
가는 나그네.

길은 외줄기
남도 삼백 리.

술 익는 마을마다
타는 저녁놀.

구름에 달 가듯이
가는 나그네.

산도화 1

박 목 월

산은
구강산
보랏빛 석산

산도화
두어 송이
송이 버는데

봄눈 녹아 흐르는
옥 같은
물에

사슴은
암사슴
발을 씻는다.

하 늘

박 두 진

하늘이 내게로 온다
여릿여릿
머얼리서 온다.

하늘은, 머얼리서 오는 하늘은
호수처럼 푸르다.

호수처럼 푸른 하늘에
내가 안긴다. 온 몸이 안긴다.

가슴으로, 가슴으로
스미어드는 하늘
향기로운 하늘의 호흡.

따가운 별,
초가을 햇볕으로
목을 씻고,

나는 하늘을 마신다
자꾸 목말라 마신다.

마시는 하늘에
내가 익는다
능금처럼 마음이 익는다.

승 무

조 지 훈

얇은 사(紗) 하이얀 고깔은
고이 접어서 나빌레라.

파르라니 깎은 머리
박사(薄紗) 고깔에 감추오고,

두 볼에 흐르는 빛이
정작으로 고와서 서러워라.

빈 대(臺)에 황촉 불이 말없이 녹는 밤에
오동잎 잎새마다 달이 지는데,

소매는 길어서 하늘은 넓고,
돌아설 듯 날아가며 사뿐이 접어 올린 외씨보선이여!

까만 눈동자 살포시 들어
먼 하늘 한 개 별빛에 모두오고,

복사꽃 고운 뺨에 아롱질 듯 두 방울이야
세사에 시달려도 번뇌는 별빛이라.

휘어져 감기우고 다시 접어 뻗는 손이
깊은 마음 속 거룩한 합장인 양하고,

이 밤사도 지새우는 삼경인데,
얇은 사 하이얀 고깔은 고이 접어서 나빌레라.

삼남에 내리는 눈

황 동 규

봉준(琫準)이가 운다, 무식하게 무식하게
일자 무식하게, 아 한문만 알았던들
부드럽게 우는 법만 알았던들
왕 뒤에 큰 왕이 있고
큰 왕의 채찍!
마패없이 거듭 국경을 넘는
저 보마(步馬)의 겨울 안개 아래
부챗살로 갈라지는 땅들
포(砲)들이 얼굴 망가진 아이들처럼 울어
찬 눈에 홀로 볼 비빌 것을 알았던 들
계룡산에 들어 조용히 밭에 목매었으련만
목매었으련만,
되국낫도 왜낫도 잘 들었으련만,
눈이 내린다, 우리가 무심히 건너는 돌다리에
형제의 아버지가 남몰래 앓는 초가 그늘에
귀 기울여 보아라, 눈이 내린다, 무심히,
갑갑하게 내려앉은 하늘 아래
무식하게 무식하게.

가고파

이 은 상

내 고향 남쪽 바다 그 파란 물 눈에 보이네.
꿈엔들 잊으리요 그 잔잔한 고향 바다
지금도 그 물새들 날으리 가고파라 가고파.

어릴 제 같이 놀던 그 동무들 그리워라.
어디 간들 잊으리오 그 뛰놀던 고향 동무
오늘은 다 무얼 하는고 보고파라 보고파.

그 물새 그 동무들 고향에 다 있는데
나는 왜 어이타가 떠나 살게 되었는고
온갖 것 다 뿌리치고 돌아갈까 돌아가.

가서 한데 어울려 옛날같이 살고지라.
내 마음 색동옷 입혀 웃고 웃고 지내고저
그 날 그 눈물 없던 때를 찾아가자 찾아가.

물 나면 모래판에서 가재 거이랑 달음질하고
물 들면 뱃장에 누워 별 헤다 잠들었지
세상 일 모르던 날이 그리워라 그리워.

여기 물어 보고 저기 가 알아 보나
내 몫엔 즐거움은 아무 데도 없는 것을

두고 온 내 보금자리에 되안기자 되안겨.

처자들 어미 되고 동자들 아비 된 사이
인생의 가는 길이 나뉘어 이렇구나
잃어진 내 기쁨의 길이 아까와라 아까와.

일하여 시름없고 단잠 들어 죄 없는 몸이
그 바닷물 소리를 밤낮에 듣는구나
벗들아 너희는 복된 자다 부러워라 부러워.

옛 동무 노젓는 배에 얻어 올라 키를 잡고
한바다 물을 따라 나명들명 살까이나
맞잡고 그물을 던지며 노래하자 노래해.

거기 아침은 오고 거기 석양은 져도
찬 얼음 센 바람은 들지 못하는 그 나라로
돌아가 알몸으로 살거나 깨끗이도 깨끗이.

미라보 다리

기욤 아폴리네르

미라보 다리 아래 세느 강이 흐르고
우리들의 사랑도 흘러내린다
괴로움에 이어서 오는 기쁨을
나는 또 꿈꾸며 기다리고 있다

밤이여 오라 종아 울려라
세월은 흐르고 나는 머문다

손과 손을 마주잡고 얼굴 바라보면
우리들의 팔 밑으로
흐르는 영원이여
오 피곤한 눈길이여

흐르는 물결이 실어가는 사랑
실어가는 사랑에
목숨만이 길었구나
보람만이 뻗쳤구나

밤이여 오라 종아 울려라
세월은 흐르고 나는 머문다

해가 가고 달이 가고 젊음도 가면
사랑은 옛날로 갈 수도 없고
미라보 다리 아래 세느 강만 흐른다

밤이여 오라 종아 울려라
세월은 흐르고 나는 머문다.

제5부

세월을 낚자

01 역사에서 배운다

역사라면 가슴이 떨립니까, 아니면 전혀 무덤덤합니까?

여러분은 둘 중 하나입니다. 인류의 역사는 우리에게 교훈을 줍니다. 역사를 통해 우리가 어떻게 살아야 하는가를 알 수 있습니다.

사마천이 '사기'를 지으면서 무슨 생각을 했을까요? 기번(Edward Gibbon)이 '로마제국쇠망사'를 쓰면서 후세 사람에게 무엇을 남겼을까요?

우리는 위대한 인물을 통해 가는 길을 배우고 또 그를 닮고자 하는 자신을 발견합니다.

요즘 시대에는 이공계가 몰락했다고 하지만 제가 걱정하는 것은 인문계의 쇠퇴입니다. 제가 한창일 때 우리는 소주잔을 기울이며 철학과 역사를 거론했었습니다. 너무 거창하죠? 토인비의 '도전과 응전(callenge and response)'을 들먹이며 헤겔의 정 · 반 · 합 변증법을 찔렀습니다.

저는 열국지를 들먹이며 저와 같은 생일인 5월 5일생 맹상군을 옹호했습니다. 왜 계명구도(鷄鳴狗盜)의 장본인 말입니다.

'강태공의 낚시에는 바늘이 없습니다. 세월을 낚을 뿐이니까요.'

이런 류의 담론이 주로 이어졌습니다.

역사에 철학을 접목하면 바로 사관이 되지요. 흔히 식민사관이나 민족사관을 거론하기도 하지만 여러분은 이러한 사관을 깊이 알 필요가 없습니다. 그것은 이 시대에만 알려진 것이니까요.

역사는 바로 과거의 현상이요, 현재의 뿌리입니다. 그리고 반복되는 경향이 있기도 합니다. 여러분은 원균이나 이완용을 무조건 미워하지요? 그러나 여러분이 그 시대에 살았다면 과연 그들에게 돌을 던질 수 있을까요?

정조 무렵 제사를 거부하고 위패를 불태운 전라도의 천주쟁이를 지금도

대역 죄인으로 생각할 수 있을까요? 정약용이 그 죄로 유배당한 것을 알기나 하나요?

지금 여러분이 그들 입장에서 그리 용감할 수 있을까요? 아닙니다. 그러나 지금도 그런 류의 행태는 일어나고 있습니다.

10 · 26사건을 보십시오. 1979년 10 · 26사건은 박정희 대통령 시해인가요, 의거인가요? 1907년 10.26사건은 안중근 의거인가요, 테러인가요?

과연 5.18사태는 광주민주화운동이 맞나요? DJ의 햇볕정책이 영원히 옳을까요?

공무원이 되거나 공사에 취직하고픈 대학생이 과반을 넘는 이 사회가 제정신일까요? 다음 정권이 과잉 공급된 공무원을 대대적으로 구조조정을 하지 않는다고 누가 보장할 수 있습니까?

역사는 죽음만큼 엄숙하고 가슴 저미는 인생의 결말입니다. 갑자기 선택의 순간이 찾아와서 여러분에게 역사의 칼날을 들이밀 때 여러분은 어떤 길로 나갈 것입니까? 안전한 길과 어려운 길을 두고 갈등을 겪을 겁니다. 그럴 때 여러분의 인생관이 나타납니다. 두고두고 역사에 오점을 남기는 삶을 영위할 수도 있고 짧으나 굵은 생을 갈구할 수도 있습니다.

장관을 역임한 분이 또 다른 자리를 구하는 모습처럼 흔히 노탐을 가장 큰 수치 중 하나로 칩니다. 여러분은 지위나 금전에 과한 욕심을 낸 적이 없나요?

역사에 빠져 하나뿐인 여러분의 인생관을 올바로 가져봅시다.

02 100살은 산다

최근 평균수명이 많이 늘었습니다. 통계청이 조사한 기대수명이 여자는 82세, 남자는 75세가 넘었습니다. 앞으로 계속 더 늘겠죠? 인생칠십고래희는 이미 철 지난 명구입니다. 지금은 어떻습니까? 환갑은 잔치도 안 하고 칠순 때에야 축하를 받지요?

저는 100살은 거뜬히 산다고 말하고 다닙니다. 혹시 염라대왕이 괘씸하게 여겨 잡아갈까봐 나이를 말하지 않는 것이 일반적이지만 저는 감히 거론합니다.

하긴 아브라함이 100살에 이삭을 낳은 것에 비하면 아무 것도 아닙니다.

그러나 아직도 많은 분들은 이를 인정하지 않으려 합니다. 최근에야 책이나 언론에서 100살을 겨냥하여 호들갑 떨며 그 대책을 논합니다.

여러분은 이제 좋든 싫든 100살을 겨냥해서 인생설계를 해야 합니다.

근래 이를 전혀 예상치 못했던 50대가 놀라고 있습니다. 이들은 바로 여러분 아버지 세대지요? 가난했던 과거의 고령층 대신 오늘의 50대는 건강하고 경제적 여유도 있고 이를 기반으로 자신을 되찾으려는 세대입니다.

그들은 뉴 실버로서 앞으로의 삶을 탄력적으로 이끌어 갈 것인가, 아니면 빈 둥지 증후군, 국내용 아날로그라는 규정에 머물며 의기소침할 것인가를 고민하고 있습니다.

고작 '9988' 이나 '9933' 이 그들의 건배 구호입니다. 99살까지 팔팔하게 또는 아프면 사흘 내에 죽는다는 건강 서약입니다.

아직은 50대가 여러분을 캥거루족으로 보호해주는 것이 참 다행이죠? 동서고금 어디에 우리처럼 결혼 전까지 빈둥빈둥 놀아도 되는 사회가 있을까요? 아니 결혼하고서도 부모에 기대는 풍조는 더 한심하지요.

이는 여러분의 탓이라기보다 기성세대의 책임입니다.

이제 여러분들은 스스로 100살까지 건강하게 살 준비를 하셔야 합니다. 여러분은 인생 2모작이 아니라 3모작, 4모작이 가능한 세대입니다. 그러려면 직업을 직(職)으로서보다는 업(業)으로서 가져야 할 것입니다. 예전처럼 한 직장만 갖지 않고 언제든지 옮겨 다닐 수 있는 업으로 승부하셔야 합니다. 나아가 세계를 상대로 살 수 있는 업이 더 좋을 것입니다.

전 미국 대통령 지미 카터는 '나이 드는 것의 미덕' 에서 말합니다.

'후회가 꿈을 대신하는 순간부터 우리는 늙기 시작한다.'

그는 우리나라에 좋은 인상을 준 대통령은 아니었습니다. 그러나 퇴직 후, 집 지어주는 해비타트(Habitat)운동을 하는 등 소박한 실천으로 노벨평화상을 받게 됩니다.

저는 '100살 클럽' 을 만들고 있습니다. 여기에는 기본요건이 필요합니다. 100살까지 건강하게 살려면 건강, 직업 말고도 함께 어울릴 친구라든지 최소한의 생계비 정도는 가지고 있어야겠지요?

무엇보다도 취미나 문화의 향취에 빠질만한 일을 미리 챙겨야합니다. 그래야 스트레스를 받지 않지요. 스트레스야말로 건강, 즉 100살의 가장 큰 장애물입니다.

여러분은 이제 100살까지의 인생 설계를 하십시오. 그 요건을 구비하도록 가꾸어 나가십시오.

03 절제를 해봐야

보릿고개를 아십니까? 배고파 본 적이 있습니까?

여러분은 잘 이해하지 못하실 겁니다. 물론 한창 때 배고픈 적이야 있었겠지요. 하지만 허기가 일상 생활이 되어 고통 받는 심정은 잘 모를 겁니다.

오히려 요즘은 비만이 더 큰 문제를 야기하지요? 비만을 없애기 위해 식욕을 절제하고 게으름을 절제하면서 운동을 해본 적이 있나요?

배고팠던 부모들은 지금 세대에게 전혀 어려움을 주지 않으려고 애씁니다. 공부도 많이 시키려하지요. 여러분들은 당연히 어려움을 모르고 절제를 모르기 십상입니다.

'아이에게 노(no)라고 말하라' 에서 독일의 알베르트 분슈는 부모의 자녀 과잉보호가 사회를 병들게 하는 마약이라고 했습니다.

강학중 가정연구소장은 집안에서 캥거루족 자녀를 몰아내는 다섯 가지 방안을 제안했습니다. 그중 두 가지를 볼까요?

'자녀가 스무살이 되면 언제까지 부모 집에 기숙하고 용돈을 받을 것인가를 협의해 구체적으로 지원을 중단할 시기를 정하라.'

'경제적 지원문제로 자녀가 부모에게 반항하고 등을 돌린다면, 단호하고 분명하게 안 된다고 말하라.'

이제 여러분의 부모도 이런 제안에 점차 호응할 것입니다. 더구나 재산을 자식에게 물려주지 않고 사회에 환원하겠다는 기류도 많습니다.

여성의 경우 집에서 홈쇼핑을 하다가 과지출을 하는 경우도 있지요? 소 잃고 외양간 고치기보다는 더 큰 피해를 당하기 전에 자중하셔야 합니다.

등산 가서 산 정상에서 한 병밖에 없는 소주를 기울이며 마지막 한 모금을 아까워하던 기억이 바로 절제입니다.

술 말인데요, 술을 절제 못해 나쁜 술버릇으로 손해를 보는 이가 의외로 많습니다. 여러분은 어떤지요?

절제는 만족의 어머니요, 가장 좋은 영약입니다. 절제는 오히려 사람을 살찌게 합니다. 누구나 갖는 욕망을 잠재우고 극기를 익히게 하는 것이 절제입니다. 자기를 죽이고 남을 살리는 그런 절제야말로 사회생활에서 가장 소중한 것 중 하나입니다.

카드빚을 못 막아 범죄를 저지르는 경우를 간혹 보지요? 빚은 원래 한번 지면 헤어나지 못하는 눈덩이랍니다. 요즘 여러분도 마이너스통장으로 하루하루를 때우는지요? 은행만 배불리는 그 이자를 부담하면서도 아무 죄의식이 없나요?

무절제한 생활이야말로 방탕입니다. 흔히 20대는 색을 조심하고 30대는 싸움을 경계하고 40대는 탐욕을 주의하라고 합니다. 여러분은 이 모두를 이겨내야 합니다.

군대생활에서 가장 크게 얻는 것이 바로 이 절제입니다. 춥고 배고프고 고달파도 참아내는 것이 절제입니다.

절제하고 자중할 때만이 중용을 지켜 먼 훗날 복을 되돌려 받는 법입니다.

04 누구나 고난은 있다

사노라면 누구나 고난은 있습니다. 그런데 그 어려움을 여러분은 어떻게 견뎌냅니까? 고난은 신의 선물이며 오히려 사람을 살찌게 함을 아십니까?

칭기즈칸은 타임지에서 지난 천 년간 가장 위대한 인물로 선정되었습니다. 그는 고난 속에서 세계를 정복했습니다. 그는 말합니다.

'작은 나라에서 태어났다고 말하지 마라. 나의 병사들은 적의 100분의 1 또는 200분의 1밖에 되지 않았지만 세계를 정복했다.'

작년 은퇴한 랜스 암스트롱은 꼭 10년 전 암으로 사경을 헤맸으나 다시 일어나 투르 드 프랑스를 7연패하였습니다.

정약용은 18년간의 유배생활에서도 꿋꿋이 살아남아 실학의 완성이라는 불후의 업적을 남깁니다.

스마일즈(S.Smiles)도 '인재를 가장 많이 배출한 곳은 대학이 아니라 고난이라는 학교였다' 라고 말했습니다.

머피의 법칙이 있지요? 여러 가지 방법 중 한 가지가 재앙을 초래할 수 있다면 누군가는 그 방법을 쓴다는 것입니다. 그만큼 고난은 누구에게나 있기 마련입니다.

여러분 주위에도 장애우가 많지요? 선천적인 장애 말고도 교통사고 등의 여러 사고때문에 생긴 후천적 장애가 너무 많습니다. 어떻습니까? 그런 장애를 안 겪은 것만 해도 얼마나 행복한지, 그리고 장애를 당한 분도 더 심한 경우보다야 얼마나 나은 것입니까?

고난이 신의 선물이 되기 위해서는 그 극복이 과제입니다. 얼마 전 우리나라에 온 '살아있는 비너스' 엘리슨 래퍼나 '오체불만족' 의 오토다케 히

로타다를 보십시오. 그들은 바로 고난을 신의 선물로 승화시킨 영웅들입니다.

생계난이 심하면 흔히 자살을 하는 분들도 있습니다. 어떤 이는 옥상에 올라가 아래로 떨어질 찰나에 네온사인을 봤답니다. 'American'. 그는 흐트러지는 정신을 가다듬고 글자 뒷부분을 읽어갔습니다.

'I can?'

그는 살아났습니다.

밀레는 초년에 살림이 어려워 나체화를 그려 입에 풀칠을 했습니다. 그는 주위의 눈초리와 자신의 초라함에 과감히 파리 생활을 정리하고 농촌으로 내려갑니다. 거기서 그는 불후의 명작 '만종' 등을 그려냅니다.

'죽을 힘만 있어도 살아갈 수 있다.'

예부터 우리가 듣는 격언입니다. 끝까지 좌절하지 않는 것이 바로 희망입니다. 시간을 두고 생각하면 모든 것이 하나씩 풀리기 시작합니다.

여러분 주위에도 고난을 겪는 분이 많이 있습니다. 우리는 그런 분을 통하여 인생의 의미를 다시 느껴야 합니다. 적어도 어떤 고난이더라도 극복할 수 있다는 자신을 가질 수 있습니다.

사람과의 연대의식은 기쁨이 아닌 고난에서 생깁니다. 불행한 시기에 사람들은 연대의식을 느끼는 법입니다.

고난은 더 큰 환난을 희석시키기 위한 과정일 수도 있습니다. 성경에서도 하느님이 크게 쓰실 곳이 있어 고난을 주신다고 말합니다.

제가 군대 생활할 때 소년원에 갔다 온 이가 있었습니다. 그는 곧잘 '세월이 약이겠지요.'란 당시 유행가를 부르곤 했습니다.

그렇습니다. 고난은 세월 속에 잊혀지며 큰 복을 선사하는 진주랍니다.

05 실패를 두려워 말라

꿈을 정하고 목표를 설정했으면 이제 열정으로 일을 처리해야 합니다. 이때 안 되면 어쩌나 하는 두려움이 엄습하죠? 누구나 당연합니다. 성경에도 '두려워 말라' 는 말이 365번이나 나옵니다.

실패를 두려워하지 마십시오. 시도하지 않는 것은 실패보다 더 비겁한 짓입니다. '실패는 성공의 어머니' 라고도 했습니다.

간혹 실패보다 성공이 두려운 분도 있습니다. 성공했을 때 받는 시기, 질투가 두려운 것입니다. 일종의 성공공포증(success phobia)이죠. 요즘 젊은 이들의 안일한 생활 태도 때문이기도 합니다.

링컨이 얼마나 위대한 미국 대통령입니까? 그러나 그가 처음부터 끝까지 실패만 한 것을 아는지요? 그는 마지막 한 번에 대통령이 되어 노예해방을 선언하고 암살당한 비운의 대통령입니다.

빈스 포센트의 책 '코끼리를 들어 올린 개미' 가 있습니다. 개미 윌리와 코끼리 덤보가 그 꿈을 이뤄가는 과정에서 수많은 실패를 경험하고 좌절에 빠질 때, 목표를 지향해주는 매개체를 상정합니다.

'덤보, 이게 좋겠어! 우리 마음에 항상 긍정적인 생각이 들어차게 황금빛 꽃가루들을 이용하자. 하늘에 떠다니는 꽃가루나 또는 어딘가에 내려앉아 있는 꽃가루를 볼 때마다 우리의 목표를 떠올리는 거야. 이 황금빛 꽃가루들은 우리가 오아시스에 가 있는 장면을 상상하도록 만드는 매개체가 될 거야.'

휴렛팩커드의 칼리 피오리나는 '철의 여인' 이라고 불리며, 포춘이 선정한 '세계 최고의 여성 CEO' 에 여러 차례 올랐던 분입니다. 그 분은 이렇게 말했습니다.

“두려움은 인간 본성의 한 부분입니다. 용기라는 말은 두려움이 없다는 뜻이 아닙니다. 두렵긴 하지만 ‘좋아, 위험해도 한 번 해보자’ 라며 포기하지 않고 도전하는 것이 진정한 용기입니다.”

실패는 인간이 하는 것이고 신은 이를 관용합니다.

‘실패해본 일이 없는 사람은 아무 것도 안 해본 사람이다.’

많은 어른들이 하는 말입니다.

여러분 주위를 보십시오. 에디슨은 수많은 실패를 딛고 발명품을 만듭니다. 베이브 루스도 최다 삼진을 맞고 홈런왕이 됩니다. 실패를 견디면서 성공의 지름길을 찾게 됩니다.

닉슨은 미국 역사상 유일하게 대통령직을 불명예스럽게 물러난 분입니다. 물러난 그는 망명시절의 드골, 감옥에서의 아데나워, 권력에서 떨어졌던 처칠이 그 고난을 성공의 도약대로 삼았음을 깨닫고는 저술활동 등으로 바닥에 떨어진 자신을 추슬렀습니다. 그리고 나중에 영광의 얼굴로 복귀합니다. 그는 말합니다.

‘뒤는 돌아보지 않는다.’

여러분은 실패를 어떻게 풉니까? 저는 병가상사라고 위안합니다. 그리고 다시 시작합니다. 제가 고시 공부를 할 때였습니다. 일단 시험이 끝나고 나면 대개 한두 달을 쉬곤 합니다. 저는 바로 시작했습니다. 이때가 가장 공부가 잘 되기도 하고 남들과 비교하면 상대적으로 훨씬 더 효과적입니다. 실패의 죄의식도 안 생기죠.

실패는 끝이 아니라 성공을 위한 가장 빠른 시작임을 결코 잊지 마십시오.

06 한 번은 거꾸로 보자

작년 크리스마스이브 때 한국인 우주인 두 사람이 선정되었습니다. 저는 이들이 무중력 상태에서 거꾸로 매달리는 모습이 참 매력적이라 생각했습니다. 결국 우주는 위아래가 없는 것이지요? 우리가 임의로 위아래를 나누지 실제로는 아무 것도 아닌 것이죠.

간혹 거꾸로 세상을 보면 참 신기한 것이 많고 재미도 있습니다.

누구는 물구나무를 서서는 자기가 지구를 들었다고, 장미란보다 더 힘이 세다고 웃겼습니다.

저는 공부할 때 간혹 거꾸로 책을 읽곤 했습니다. 지금도 잡지는 맨 뒷장부터 볼 때가 많습니다.

'역순사전' 도 읽는 재미가 쏠쏠합니다. 여러분도 저처럼 영어 사전을 뒤로부터 읽은 적이 있나요?

일이 잘 안 풀릴 때 상황을 거꾸로 보면 의외로 잘 풀리기도 합니다.

지금처럼 인식 전환이 필요한 시기에는 정말 좋습니다.

어떤 해양부 공무원이 우리나라 지도를 거꾸로 세우니, 바다가 위에 가득 찬 해양입국이 바로 되었다고 합니다. 삼면이 바다니까요.

시작은 끝이요, 끝이 시작임을 안다면 혹은 일이관지로 사물이 통하는 것을 알면, 인풋이나 아웃풋이나 다 중요하다는 것을 자각할 것입니다.

세상사는 다방면으로 파악할 필요가 있습니다. 최소한 아래 위, 두 방면으로라도 파악한다면 어떤 상황에서도 대처할 능력이 생길 것입니다.

누가 압니까? 영화 '포세이돈 어드벤처' 같이 배가 뒤집힌 위기에 처했을 때 도움이 될지 말입니다.

'위기는 기회' 란 말이 있지요?

위기대처능력은 현대사회에서 중시하는 리더십 덕목 중 하나입니다.

여러분도 이걸 통해 위기를 기회로 만들어보십시오. 남자의 세계는 돌발사태로 어이없게도 목숨을 잃는 경우가 많습니다.

2차 세계대전의 영웅 조지 패튼도 전쟁이 끝나자마자 교통사고로 세상을 뜨고 말았답니다.

우리나라에서도 급격히 커지고 있는 스타벅스의 하워드 슐츠 회장이 한 말입니다.

'새로운 산업을 창조하고 새로운 제품을 발명하고 오래 지속되는 굳건한 기업을 만들고, 주변 사람들에게 능력을 고취시켜 최고 수준의 업적을 이룩하게 할 수 있는 사람은 바로 남들이 가지 않는 길을 가는 사람들이다.'

요즘 하이브리드(hybrid)차가 현안이 되고 있습니다. 하이브리드 컴퓨터, 항공기, 채권 등이 계속 나타납니다. 마릴린 몬로와 버나드 쇼가 결혼한다면? 만약 우성인자로 태어난다면 몰라도 열성인자로 태어난다면 큰 불행입니다.

순종은 늘 사라지고 잡종이 생존하는 것이 자연이나 인간의 공통입니다. 거꾸로 보는 것은 이러한 이치를 알기 때문입니다.

역지사지(易地思之)란 말을 우리는 많이 씁니다.

'내가 그 처지라면?'

상대방과 입장을 바꾸어 보는 것도 인간관계의 황금률입니다. 여러분이 그 입장이라고 생각하면 매사에 어려움이 없습니다.

어려운 상대를 만났을 때 여러분은 역지사지를 생각하십시오. 그 사람 입장에서 문제를 풀어보십시오. 누구와도 싸울 일이 없을 겁니다.

07 리더십을 발휘하라

리더십은 복잡한 개념이긴 하지만 간단히 정의 내릴 수 있습니다.

'자기 영향권으로 끌어들이는 것이다.'

원래 다양한 의의가 있었으나 현재는 직급에 맞추어 하는 말도 아니고 어느 상황에서도 자기가 만들어가는 것을 말합니다. 소위 상황론이지요.

리더십은 꼭 무슨 자질이 필요한 것이 아닙니다. 상황에 맞게 자신을 나타내는 것입니다.

여러분도 나름대로 리더십을 발휘해본 적이 많을 것입니다. 꼭 반장이나 부장을 해서가 아니라 어떤 모임에서건 자기 의견을 피력해서 관철시킨 경험 말입니다.

대인관계에 있어서는 말할 것도 없고 자기 혼자 결정을 내릴 때도 리더십은 필요합니다. 훨씬 힘든 자기 내부의 리더십이죠.

성경에는 '낮은 데로 임하소서.' 란 구절이 많습니다.

노자는 이런 시를 썼습니다.

'바다와 강이 수백 물줄기에 복종하는 것은 항상 낮은 곳에 있기 때문이다. 다른 사람보다 높은 곳에 있기 바란다면 그들보다 아래에 서고, 그들보다 앞서기 바란다면 그들 뒤에 따르라.'

콜튼은 말합니다.

'자신을 가장 행복한 사람이라고 생각하면 정말 행복하게 되지만
자신을 가장 지혜로운 사람이라고 생각하면 정말 바보가 되어버립니다.'

피터 드러커도 말합니다.

'유능한 리더는 사랑받고 칭찬받는 사람이 아니다. 그를 따르는 사람들이 올바른 일을 하도록 하는 사람이다. 리더십은 인기가 아니라 성과다?

현대시회에는 치열한 리더십이 필요합니다. 조직의 장으로서 단순히 인기에 영합해서는 안 됩니다.

솔선수범하고 앞장서서 감동을 주는 리더가 되어야 합니다.

한고조 유방은 나라를 평정하고 난 후 역전 노장 한신을 반역죄로 잡아들였습니다.

'장군은 몇 명이나 부하를 다스릴 수 있소?'

'십만 명은 족히 거느립니다.'

'나는?'

'열 명이면 족합니다.'

'그런데 장군은 어찌 잡혀왔소?'

'폐하께서는 저 같은 사람 열 명을 거느렸기 때문입니다.'

카네기 묘비명을 보십시오.

'여기 자기보다 나은 사람을 쓸 줄 알았던 사람 카네기 잠들다.'

리더는 자기보다 나은 사람을 써야지, 자기 재주만 믿거나 자기보다 못한 사람만 써서는 참된 리더가 될 수 없습니다.

리더는 무엇보다 감동을 심어줘야 합니다. 특히 위기 때 감동을 주지 못하면 아무도 따르지 않을 것입니다. 감동을 주기 위해서는 먼저 자기 몸을 던져야 되지요. 자기를 버릴 때 리더십은 표표히 나타나는 것입니다.

08 잘 키운 딸 하나

우리 속담에 '잘 키운 딸 하나 열 아들 안 부럽다.' 고 합니다. 맞는 말이죠.

지금은 아들보다 딸이 더 효도하고 똑똑하답니다. 허다한 대학의 수석은 여대생이 다 하잖아요? 얼마 전 고시에 여성 할당제가 있었는데 요즘엔 오히려 무색해져 버렸죠? 온통 시험을 여대생이 다 차지하니 교육대학처럼 오히려 남성 할당제가 필요하다니까요.

이제 페미니즘이 일반화되었습니다. 젠더(gender)는 남녀 간의 신체적 차이를 인정하고 사회적 차이를 나타내는 말입니다. 젠더는 차이를 인정하고 오히려 더 큰 차별을 말자는 의미이기도 합니다. 페미니즘은 젠더 이상의 세계입니다.

그러다보니 맞벌이 부부가 일반화되고 여자경제학이 도래할 정도가 되었지요.

남자가 할 일, 여자가 할 일이 따로 있는 것이 아닌 만큼, 여러분이 여자라고 해서 못하는 일이 있는 것은 아닙니다. 설령 여러분이 여자라서 불리하다는 생각이 들어도 억울해 할 것은 없습니다. 오히려 여자라서 유리할 때도 많기 때문입니다.

여성의 섬세함, 꼼꼼함, 그리고 모성적 포용력은 남성보다 더 강한 힘을 발휘할 때가 많습니다.

예전과 달리 현대는 남자에 대한 여성의 희생이 결코 미덕이 아닙니다. 오히려 서로를 망치는 지름길이죠. 여자도 자신의 길을 스스로 찾아 갈 때에 남자는 더 안정되고 서로 시너지 효과를 얻어 발전하는 것입니다. 단순한 희생은 절대 노(no)입니다.

요즘 여러분은 남자들과 경쟁을 해야 한다는 필연적인 조건 때문에 부모들로부터 강하게 키워져 왔습니다. 반면 남자들은 여전히 '아들' 로 불리는, 어머니에 종속된 나약한 면을 갖고 있지요.

그렇기 때문에 이제 여자들은 수동적으로 자신의 남편을 얻는 것이 아니라, 적극적으로 인생을 설계할 수 있는 남자를 찾아야합니다. 앞으로의 삶이 춘향이 될지 향단이 될지는 여러분이 결정하는 것입니다.

재클린 케네디는 25살에 케네디와 결혼하면서 쾌재를 불렀죠.

'상원에서 가장 유능한 남자를 만났다.'

에비타도 25살 때 훨씬 연상의 페론과 결혼하면서 이 남자를 키워야겠다는 결심을 하게 됩니다. 평강공주와 바보온달 같죠?

'스물셋의 사랑 마흔아홉의 성공' 을 쓴 조안 리도 당차게 나이 차가 많은 신부님과 결혼을 합니다.

여러분도 가능하시죠?

결혼과 육아는 바로 여러분의 강점입니다. 부모를 떠나 새로운 인생을 시작하는 것으로 이 시기를 잘 보낸 여자야말로 어떤 남자보다 강한 또 다른 인종, 즉 아줌마가 되는 것입니다.

여러분도 이제 자아실현을 위해 직장을 가지고 취미 생활을 하게 될 것입니다. 언제나 홀로 설 수 있다는 전제 아래 스스로를 키우고 계시죠?

그렇다고 독신자가 많아진다는 것은 또 다른 인구정책의 고민거리가 되지 않을까 걱정이 되네요.

여러분은 여성 자신을 사랑하십시오.

09 군대를 설계하자

여러분은 언제 군대를 갑니까? 요즘은 취업 때문에 1, 2학년에 일찍 가는 분이 많죠?

우리 대학생은 참 어렵습니다. 말이 2년이지 앞뒤 학기를 맞추다보면 3년은 족히 허비하게 됩니다. 그러니 가능하면 안 가고 싶은 곳이 군대가 되지요.

그러나 담배가 백해무익이라고 하면서도 많은 분이 피우듯이 군대도 꼭 필요악은 아닙니다. 설계를 잘 해서 유익하게 보낼 수도 있습니다.

실제 일 년 자원 40만 명 중 반 정도인 20만 명만 군대에 가고 나머지 20만 명은 공익이나 산업기능요원 등 다른 곳으로 가거나 면제됩니다.

저도 당연히 군에 가는 걸로 알았는데 나중에 보니 어리석게도 같은 고시 동기생 중 절반 정도만 군에 다녀온 것입니다.

여러분은 유익한 군대 설계를 생각해보셨습니까?

이공계를 나왔으면 산업기능요원으로 가는 것이 좋겠지요? 그러나 그것도 자리가 한정되어 있어 괜찮은 회사는 미리 손을 써야합니다. 선점을 한 곳이 대부분입니다.

경찰관이나 소방관을 원하면 의무경찰이나 교도대원 등 그쪽 요원으로 가야할 것입니다. 당연히 특채가 있거나 시험에 가점이 되거든요.

카츄사나 통역병을 지원하는 것도 외국어를 익혀 앞으로의 인생 설계에 좋을 거고요.

ROTC나 RNTC 등 장교를 자원하는 것도 권장할 만하고, 요즘은 부사관으로 가는 일도 많습니다. 봉급도 괜찮고 장기 근무도 가능하니까요.

대학에서도 군사학과나 부사관학과가 설치된 곳이 많죠?

일부러 공익요원이 될 필요는 없지만 공익요원의 경우 근무지도 본인이 선택할 수 있습니다.

저는 예전에 당연히 사병으로 가는 것이 정도라 봤습니다만 요즘은 선택의 폭이 훨씬 넓어졌습니다. 제가 아쉬웠던 것은 당시 월남전 파병이 막바지에 있었을 때 지원을 못 했던 것입니다. 갔었더라면 후에 봉급이 조금 더 많아졌겠지요?

간혹 감동을 주는 사례도 있습니다. 신체검사 등급을 올려 기어이 입대하는 분도 있고, 외국 영주권을 갖고도 군에 들어가기도 한답니다.

또 심신을 단련하기 위해 해병대로 가는 분도 있습니다. 그들은 나중에 경비업체 등에 우선적으로 채용되기도 합니다.

군대에 일찍 가느냐 늦게 가느냐도 전공에 따라서 달리 생각해 보십시오. 앞으로는 군에서도 대학 학점 인정을 하는 분야가 있으니 그런 것도 고려하시고요. 그러려면 전방이냐 후방이냐도 고려 대상입니다.

앞으로 군 복무기간도 1년 반 정도로 획기적으로 단축됩니다. 또한 군 경력을 공무원 시험이나 경력 면에서 우대할 것도 예상됩니다.

이제 군대도 선택의 기회를 살펴서 인생에 도움이 되게 설계하십시오.

10 느림의 일상

이천년대는 확실히 속도의 시대입니다. 인터넷을 비롯하여 모든 것이 속도 경쟁에서 결판납니다. 속도는 시공간 개념에서 보듯 시간 외에 장소까지 지배합니다.

그런데 속도는 느림이 없으면 조급함에 불과합니다. 저는 KTX를 타면서 담담하게 책을 읽습니다. 아니면 창밖에 보이는 풍경을 음미하곤 하죠. 시속 300킬로 속의 느림이라, 짧은 순간이지만 세상 변화를 느낍니다.

여러분도 통학 길 차창에서 멍하니 세상을 바라보며 느림의 생각을 하시는지요? 잠시 시간을 잊고 블랙홀처럼 허공에 빠지는 맛도 있어야지요?

사물을 제대로 보기 위해서는 거리를 두어야 합니다. 일상에서 일탈하여 느림의 동영상으로 현실을 한번 보시죠.

살다보면 뜻 없이 우회할 때가 있습니다. 꼭 고속도로를 놓아두고 지방도로로 들어선 느낌이죠. 공직에 있다 보면 인사 때마다 손해 보는 것 같은 기분이었거든요. 저도 자의반 타의반으로 고향인 진주경찰서장을 맡게 된 적이 있었습니다. 참 어이없었지만 세월이 흘러 지금 돌아보면 오히려 잘된 일이었죠. 평생 고향에서 살 수 있으니까요.

여러분은 어떤 경우가 있었나요?

약간 손해 본 듯한 일이 나중에 효자가 되기도 하니까요.

간혹 도인이 된 기분으로 아니면 공주가 된 마음으로 주위를 둘러보십시오. 급히 돌아가는 세상에서 혼자 웃음을 띠며 도도하게 굴어보십시오. 자신을 과시하십시오.

여행도 다니고 멀리 있는 친구도 만나보고 흥겨운 오페라도 찾아보십시오.

일상을 일탈한 기분은 새로운 충전으로 여러분을 찾아올 겁니다. 머리를 비운 채 새 패러다임을 안겨줄 것입니다.

저는 새벽마다 달리기를 하면서 하루 설계도 할뿐더러 느림의 일상을 느낍니다. 하얀 백지에 색깔이 번지듯 텅 빈 머리가 채워집니다.

'다중 속의 고독' 처럼 바쁨 속에 느림의 일상을 느끼십시오.

스티븐 샘플은 '리더십을 위한 30대 70' 공식을 제시했습니다.

리더는 30만 일에 매진하고 나머지 70은 느림의 일상에서 다음 일을 준비하라는 것입니다. 혼자 열심히 시간 가는 줄 모르고 사는 것이 다 좋은 것이 아닙니다.

우리는 늘 바쁘게 살아갑니다. 오죽 했으면 동남아같은 외국에 갔을 때 한국말로 '빨리 빨리!' 를 외치는 장사꾼이 있을까요?

저도 경찰에 근무할 때 '우리끼리만 바쁜' 일상을 경험해 본 적이 많았습니다. 아무도 알아주지 않는데 우리끼리만 바쁜 체 하는 겁니다.

천천히 살면서 자신을 되돌아보고 남의 사정도 들어보면서 삶의 영광을 만끽해 보십시오.

뭔가 완숙해지는 자신을 느낄 것입니다.

11 낭만고양이

이제 꿈과 열정의 끝이 다가왔네요. 저는 아쉬운데 여러분은 어떻습니까?

여러분과 저의 꿈은 다를 수 있지만 각자의 열정은 같을 겁니다.

저는 노래방에서 '낭만고양이'를 가끔 부릅니다. 어차피 인생은 낭만 아니겠어요? 즐기면서 흥얼거리는 인생을 살고 싶습니다. 힘들다고 누가 도와주나요, 고생한다고 누가 동정하나요?

영화 '낭만자객'이 꽤 웃겼습니다. 방동규 씨의 '낭만 주먹'은 우리를 슬프게 합니다.

결국 나 혼자입니다. 저 갈 길을 가면서 간혹 남의 일에 기웃거릴 뿐입니다. 여러분도 각자의 길을 설계하며 하루라도 후회 없는 날을 영위하십시오.

현재가 가장 소중합니다. 어제는 지나간 일이요, 내일은 아직 오지 않은 날입니다. 지난 일로 회한을 남기지 말고 내일 일로 걱정하지 마십시오.

제 자신도 바보스러울 때가 있습니다. 한 번도 지난 일을 후회해본 적이 없거든요. 그렇다고 제가 다 잘 했다고는 전혀 생각하지 않습니다. 다만 게으르고 귀찮아서 후회를 않는 것뿐이죠. 어찌 보면 앞으로 나갈 시간도 모자라고, 또 현재가 더욱 소중하기 때문인지도 모릅니다.

무지개를 본 적이 있나요? 무지개는 물방울의 조화 가운데 사람에게 가장 행복을 주는 것입니다. 일곱 가지 색깔을 하나하나 곱새기면서 저는 낭만에 빠집니다. 아름다운 색 줄기를 조금만 벗어나도 인간의 시야에서 벗어나버리는 그 색깔들. 우리의 인생도 잠시뿐입니다. 어쩌다 색의 그물에 걸린 것이 우리네 삶입니다.

저의 현재 꿈과 열정은 무엇일까요? 고향에서 후진을 키우고 대학을 발전시키는 일? 저는 마냥 입이 벌어집니다. 하하, 웃습니다. 메아리가 되어 온 세상이 뒤덮이도록 저는 웃습니다. 하하하!!!

꿈과 열정이 무슨 소용입니까? 터질 듯한 풍선마냥 가득차면 힘들어 보입니다. 약간은 덜 찬 듯이 보이는 그런 풍선이야말로 우리가 견딜만한 것입니다.

여러분이 살아가면서 힘들 때는 그냥 낭만고양이를 떠올리십시오. 도시 거리를 방황하는 그런 낭만이 여러분을 편케 할 것입니다.

'부드러운 것이 강함을 이긴다.'

전라도 담양의 대나무는 겨우내 쌓인 눈덩이를 잘 견뎌냅니다. 부드러움의 극치죠. 운동을 할 때도 부드러운 스윙에서 더 큰 힘이 솟습니다. 강하다고 다 되는 것이 아닙니다.

이제 정말 우리가 헤어져야 할 시간입니다.

'꿈과 열정.'

여러분은 이 한 마디만 기억하면 됩니다.

어려운 일이 있거나 미래가 불확실하더라도 여러분은 견뎌낼 수 있습니다.

꿈과 열정만 있으면 미래는 여러분의 것입니다.

부디 행복하십시오.

논 개

번 영 로

거룩한 분노는
종교보다도 깊고
불붙은 정열은
사랑보다도 강하다.
아, 강낭콩보다도 더 푸른
그 물결 위에
양귀비꽃보다도 더 붉은
그 마음 흘러라.

아립땁던 그 아미
높게 흔들리우며
그 석류 속 같은 입술
죽음을 입맞추었네.
아, 강낭콩꽃보다도 더 푸른
그 물결 위에
양귀비꽃보다도 더 붉은
그 마음 흘러라.

흐르는 강물은
길이길이 푸르리니
그대의 꽃다운 혼
어이 아니 붉으랴.
아, 강낭콩보다도 더 푸른
그 물결 위에
양귀비꽃보다도 더 붉은
그 마음 흘러라.

바 위

유 치 환

내 죽으면 한 개 바위가 되리라.
아예 애련(愛憐)에 물들지 않고
희노(喜怒)에 움직이지 않고
비와 바람에 깎이는 대로
억 년 비정의 함묵(緘默)에
안으로 안으로만 채찍질하여
드디어 생명도 망각하고
흐르는 구름
머언 원뢰(遠雷)
꿈꾸어도 노래하지 않고
두 쪽으로 깨뜨려져도
소리하지 않는 바위가 되리라.

청포도

이 육 사

내 고장 칠월은
청포도가 익어 가는 시절.

이 마을 전설이 주저리주저리 열리고
먼 데 하늘이 꿈꾸며 알알이 들어와 박혀

하늘 밑 푸른 바다가 가슴을 열고
흰 돛 단 배가 곱게 밀려서 오면

내가 바라는 손님은 고달픈 몸으로
청포(淸袍)를 입고 찾아온다고 했으니,

내 그를 맞아, 이 포도를 따 먹으면
두 손은 함뿍 적셔도 좋으련.

아이야, 우리 식탁엔 은쟁반에
하이얀 모시 수건을 마련해 두렴.

세월이 가면

박 인 환

지금 그 사람 이름은 잊었지만
그 눈동자 입술은
내 가슴에 있네.

바람이 불고
비가 올 때도
나는
저 유리창 밖 가로등
그늘의 밤을 잊지 못하지.

사랑은 가고 옛날은 남는 것
여름날의 호숫가 가을의 공원
그 벤치 위에
나뭇잎은 떨어지고
나뭇잎은 흙이 되고
나뭇잎에 덮여서
우리들 사랑이
사라진다 해도

지금 그 사람 이름은 잊었지만
그 눈동자 입술은
내 가슴에 있네.
내 서늘한 가슴에 있네.

소년이로 학난성

주 희

아이는 늙기 쉽고 배움은 어려우니
순간순간 세월을 헛되이 보내지마라.
연못가에 봄풀이 채 꿈도 깨기 전에
계단 앞 오동잎은 가을을 알리는구나.

少年易老 學難成　소년이로 학난성
一寸光陰 不可輕　일촌광음 불가경
未覺池塘 春草夢　미각지당 춘초몽
階前梧葉 已秋聲　계전오엽 이추성

보리피리

한 하 운

보리피리 불며,
봄 언덕
고향 그리워
피ㄹ닐니리

보리피리 불며,
꽃 청산
어린 때 그리워
피 ㄹ 닐니리

보리피리 불며,
인환의 거리
인간사 그리워
피 ㄹ 닐니리

보리피리 불며,
방랑의 기산하(機山河)
눈물의 언덕을
피 ㄹ 닐니리

오 늘

칼 라 일

여기에 또 다른
희망찬 새 날이 밝아온다
생각하라, 그대는 이 날을
쓸모없이 흘려보내려 하는가?

이 새 날은
영원으로부터 생겨나고
밤이 오면 또한
영원으로 돌아간다

우리는 시간 앞에서 그것을 보지만
누구도 그 실체를 본 사람은 없고,
또한 그것은 바로
모든 눈에 영원히 보이지 않게 된다

여기에 또다른
희망찬 새 날이 밝아온다
생각하라, 그대는 이 날을
쓸모없이 흘려보내려 하는가?

삶이 그대를 속일지라도

푸슈킨

삶이 그대를 속일지라도
슬퍼하거나 노여워하지 말라
마음 아픈 날엔 가만히 누워 견디라
즐거운 날이 찾아오리니

마음은 미래를 산다
지나치는 슬픔엔 끝이 있게 마련
모든 것은 순식간에 날아간다
그러면 내일은 기쁨이 돌아오느니.

오매 단풍 들것네

김 영 랑

'오매 단풍 들것네'.
장광에 골붉은 감잎 날러와
누이는 놀란 듯이 치어다보며
'오매 단풍 들것네'.

추석이 내일모레 기둘리니
바람이 자지어서 걱정이리
누이의 마음아 나를 보아라
'오매 단풍 들것네'.

귀 천

천 상 병

나 하늘로 돌아가리라
나 하늘로 돌아가리라
새벽빛 와 닿으면 스러지는
이슬 더불어 손에 손잡고
나 하늘로 돌아가리라

노을빛 함께 단 둘이서
노을빛 함께 단 둘이서
기슭에서 놀다가 구름 손짓하면은
나 하늘로 돌아가리라

아름다운 세상 소풍 끝나는 날
세상 소풍 끝나는 날
가서 아름다웠더라 말하리라

가을의 기도

김 현 승

가을에는
기도하게 하소서……
낙엽들이 지는 때를 기다려 내게 주신
겸허한 모국어로 나를 채우게 하소서.

가을에는
사랑하게 하소서……
오직 한 사람을 택하게 하소서.
가장 아름다운 열매를 위하여 이 비옥한
시간을 가꾸게 하소서.

가을에는
호올로 있게 하소서……
나의 영혼,
굽이치는 바다와
백합의 골짜기를 지나
마른 나뭇가지 위에 다다른 까마귀같이.